# 力と夢を育てる
# 新しい学校づくり

スキルアップ　ブラッシュアップ　メイクアップ

善野八千子・前田洋一 著

教育出版

# はじめに

## なぜ「力と夢を育てる新しい学校づくり」なのか

　閉塞感のある子どもたちの環境，未来に希望がもてない子どもたちがいる。そんな子どもたちに力をつける新しい学校づくりが求められている。

　今日の混沌とした時代にあって，課題解決型・問題解決型の取組は多く見られる。そのような中，課題に対応した学校づくりは，研修会等においても実施されているが，10年先，20年先の社会で活躍する子どもたちが常に夢をもち，未来に向かう力をつけることのできる学校経営の在り方が提案されているとは言い難い。つまり，未来志向型の学校づくりの提案が必要である。

　子どもの〈やる気〉は，数値化となじまない。しかし，学校づくりと子どもの〈やる気〉を考えるとき，学校評価結果がその客観性の一部となる。

　本書で取り上げる学校の平成22年度2学期末の学校評価における生徒アンケートにおいて，肯定的に捉えている生徒の割合を示してみよう。

　平成21年度，平成22年度1学期のデータと比較すると，ほぼすべての項目で右肩上がりの数値を示している。中には，90％を超える項目が30項目中，24項目ある。生徒の「やる気」が高く，そして実際にそのように行動している生徒の実態が分かる。それは，特別な学校なのだろうか。なぜ，このようなことが実現できているのだろうか……

　本著は，次の9章からなる構成とした。

　第1章〈忙しい木こりの物語〉，第2章〈こんな学校が日本の教育を変える〉，第3章〈教科センター方式の学校〉，第4章〈学校改善に魔法の方法はあるか〉，第5章〈学校づくりのコンセプト「壁をトル」〉，第6章〈学校について考える〉，第7章〈「一石五鳥」プランと「仕事のABC」〉，第8章〈幼稚園における学校評価〉，第9章〈さらなる外部評価アンケートの改善〉，

どの章から読み進めていただいてもよいようにもできている。理論から，読み進めたい場合も，あるいは読者の問題意識から早く具体的な実践事例を知りたい場合もあろう。そして，また，理論編へと行きつ戻りつつしながら活かしていただきたいという願いをもっている。

　これからのスクールリーダーやミドルリーダー，また今後，急速に増大する新任教員大量採用時代にあって，これからの学校づくりの発信は大きな転換が必要である。学校教育関係者はもとより，広く，地域住民や教員を目指す学生等と共にこのことを熟考していき，明日からのアクションにつなげていきたい。

善野八千子<br>前田　洋一

# 目　次

はじめに

## 第1章　忙しい木こりの物語 ………………………………………… 1

## 第2章　こんな学校が日本の教育を変える ……………………… 5
  1．コミュニケーション ……………………………………………… 6
  2．コラボレーション ………………………………………………… 8
  3．イノベーション …………………………………………………… 10
  4．産みの苦しみから産んだ楽しみに ……………………………… 13

## 第3章　教科センター方式の学校 ………………………………… 15
  1．筆者と丸岡南中学校 ……………………………………………… 15
  2．教科センター方式の学校 ………………………………………… 17

## 第4章　学校改善に魔法のような方法はあるか ………………… 24
  1．ノーチャイム運動から考える …………………………………… 24
  2．学校改善成功の鍵 ………………………………………………… 26

## 第5章　学校づくりのコンセプト「壁をトル」 ………………… 41
  1．教科センター方式は可能か？ …………………………………… 41
  2．自分のための学校 ………………………………………………… 42
  3．家のような自分の学校をつくるための方法「スクエア制」 … 43
  4．みんなのために頑張ること ……………………………………… 48
  5．壁をトル …………………………………………………………… 48

v

## 第6章　学校について考える …………………………………… 56
1．「なぜ？」を考える思考法（デカルト思考）………………… 56
2．「何のためか？」を考える思考法（ブレイクスルー思考）…… 58
3．学校を創ろう ………………………………………………… 69

## 第7章　「一石五鳥」プランと「仕事のＡＢＣ」……………… 84
1．「Ａ：あたりまえのこと」「Ｂ：ぼ〜っとしない」で，
　　アンテナを高く上げる ……………………………………… 85
2．「Ｃ：ちゃんとする」ための，三つのシコウ（「志向」「思考」「施行」）…… 90

## 第8章　幼稚園における学校評価 ……………………………… 107
1．初めての先生との出会い …………………………………… 107
2．幼稚園における学校評価における問題と目的 …………… 109
3．幼稚園の外部アンケートの改善の取り組み ……………… 111
4．よりよい幼稚園づくりのための外部アンケート項目をつくる …… 112

## 第9章　さらなる外部評価アンケートの改善 ………………… 117
1．「幼稚園をよくする88の質問」の実施 …………………… 117
2．園経営状況の現地調査 ……………………………………… 119
3．外部アンケート再実施と再びの現地調査で明らかになったこと …… 121
4．外部評価アンケートから見えた改善 ……………………… 122

あとがき

# 第1章
# 忙しい木こりの物語

- 錆びた のこぎりで
- 研いだ のこぎりで
- 電動のこぎりで

　筆者は，2000年にある小学校をフィールド調査した。公立ではまれなことに，校長が7年間交代しない中にあって，意図的・計画的に，加えて長期的・継続的に学校改善の成果を結実させていくプロセスについて，実践研究を深める機会を得た（善野八千子『学校評価を活かした学校改善の秘策』，教育出版，2004年 を参照されたい）。

　そして，「学校づくり」を研究テーマとしている者の一人として，常にこのような研究が学校づくりにどこまで貢献できるのかという葛藤をもち続けてきた。

　ショーンの次の議論は，専門家のおかれた状況の参考となる。「専門家の実践が変化する位相において，実践者が研究に基づく理論と技法を有効に使用できる高地がある。また，技術的解決が不可能なほどに状況が『めちゃくちゃに』混乱し，ぬかるんだ低地もある。問題の難しさは次の点にある。技術的関心がいかに大きくても，高地の問題はクライアントやより広い社会にとってあまり重要でないことが比較的多く，一方泥沼の方には人間の最大の関心事がある。実践者は……高地にとどまるべきだろうか。……あるいは……泥沼へと降りていくべきだろうか」[1]（中略は筆者）。

筆者はこれまで,「前よりもよくなった学校」は,「何がその要因となったか」という成功事例から学ぶことを提案してきた。しかし,単に方法を模倣しても改善にはなかなか結びつかない。根底に,学校はどうあればいいのか,あるべき姿を目的にすえたうえで方法を探っていくことである。端的に言えば「あったらいいな,こんな学校」のビジョンを明確にもち,それを実現するための子どもの未来の幸せづくりの考え方である。

　本書では,「力と夢を育てる新しい学校づくり」というタイトルに「スキルアップ,ブラッシュアップ,メイクアップ」というサブタイトルを付した。このサブタイトルを考えるとき,筆者創作の「ある木こりの物語」から,思考の扉をあけていただきたい。

　あるところに木こりがおりました。
　「ああ,忙しい,忙しい。こんなに一生懸命仕事をしているのに,まだまだ仕事がある……」
　「もしもし,木こりさん。あなたののこぎりは錆びているのではありませんか？研いで仕事をしては,どうですか？」
　「何を言っているんだ！　こんなに忙しいのにのこぎりを研いでいる暇なんかあるものか！」

　あるところに,研いだのこぎりで仕事をしている木こりがおりました。
　「ああ,忙しい,忙しい。こんなにピカピカに研いだのこぎりで仕事をしているのにまだまだ仕事がある……」
　「もしもし,木こりさん。今は電動のこぎりという便利な道具がありますよ。」
　「何を言っているんだ！　こんなに忙しいのに新しい道具の使い方を覚える暇なんかあるものか！」

　あるところに,電動のこぎりで仕事をしている木こりがおりました。
　「ああ,便利な道具だなぁ。」ズズーン,ズズーーン。
　「しまったぁ！　切ってはいけない木まで切ってしまった……」

　私たちは,のこぎりという資格を手にして教育に関わってきた(今後,関わろうとしている)。しかし,そののこぎりが錆びていないかという点検を常にしつつ,新しい道具の使い方も,時に応じて効果的・効率的に使いこなすスキルも身につけていくことが求められている。このことに関連して,教員免許更

新制についてふれておくことにしよう。

　1983年，自民党文教制度調査会による「教員の養成，免許等に関する提言」から教員免許更新制の議論は，始まった。同提言において，教員免許状に有効期限を付し，更新研修を義務づけるための検討が求められた。そして，2000年頃から，学力低下論争や教員の質の問題に関してマスメディアによる報道が活発化したことなどを受け，教員免許更新制が具体化した。以前から教育に関心のあった政治家が政権に就いた後，教育再生会議が教員免許更新制を提言，2007年6月の教育職員免許法の改正によって，2009年4月から導入されたものである。導入後，「教員の資質向上のため，教員免許制度を抜本的に見直す」と謳われたが，政策として進展していない。2010年8月末から9月の時点では，対象教員の6％が講習を終了していない，または受講していない。全国に換算すると，5,100人を超える教員免許更新が行われていないとの見積りが発表されるなど，混乱や困惑が起きている。

　ただ，教員免許更新制度が今後どうなろうとも，免許状の効力の問題とは別の次元で，子どもに関わる教師の資質として，「自分が持っているのこぎり」の点検は必要である。教師が「のこぎりから電動のこぎり」に道具を持ち替えただけでは，未来志向型の学校は創れない。

　また，次々と示される「新しい道具」は何のために使う必要があるのか，その使い方はどのようにすればよいのか。教師の資質能力の向上は，教師個々人にとってのみならず，学校づくりにとって普遍的な課題となっている。

　本書を通じて筆者が試みようとしているのは，「力と夢を育てる新しい学校づくり」を具体化し，学校に関わる人々をスキルアップ，ブラッシュアップ，メイクアップさせることである。

　スキルアップとは，訓練して技能を身につけること。ブラッシュアップとは，学問などの再勉強や鈍った腕や技の磨き直し。また，一定のレベルに達した状態からさらに磨きをかけること。メイクアップとは，学校そのもの，または学校に関わる人々を美しく粧うこと。これらの三つをアップさせることは，十分条件ではないが「力と夢を育てる新しい学校づくり」に必要条件であると考

えたからである。

　まず，スキルアップにおいて身につけたい技能は，①ティーチングスキル，②プランニングスキル，③マネジメントスキルである。

　そして，一定のレベルに達した状態からさらに磨きをかけ，ブラッシュアップするためには，処理能力や効果的・効率的な仕事についても考えていきたい。さらに，メイクアップ。学校の姿は，清潔なたたずまいであり，美しい環境であること。子どもに関わる主たる人的環境としてあるべき教職員が眉間にしわを寄せ，疲れ切った姿であっては美しいはずがない。未来に向けて笑顔で教育を語りたい。そして，それを語る教師は，明るく元気で，さわやかに子どものために美しく粧っていること。子どもにとって，「先生は，大人のモデルであり，学びのアイドル！」でありたいではないか。そのハードである学校も，子どもが活動する多くの時間を過ごす快適な空間でありたいではないか。そこに，たくさんの方に来ていただこう。関わっていただこう。人も学校も見られて美しくなる。

　まず，次章において，見られてより美しくなっていく学校の訪問記から考えていく。しかし，実は最も重要なことは，「その学校がどのようにつくられていったか」ということであることに，読者は読み進めていくうちに実感されることだろう。

〈註〉
(1)　ショーン，D.（佐藤学・秋田喜代美訳）『専門家の知恵』p.61, ゆみる出版，2001年

（善野八千子）

# 第2章
# こんな学校が日本の教育を変える

- コミュニケーション能力
  学校から,伝えたいことがあるか？
- コラボレーション能力
  学校には,話し合いが成立しているか？
- イノベーション能力
  学校は,違いを統合できる人材を育成しているか？

　これからの日本の教育を考えるとき,学校という組織に21世紀に必要な力をつけていくことが重要である。21世紀に必要な力として,三宅なほみ氏(東京大学大学院教育学研究科教授)は三つの能力を挙げている(日本教育新聞　2010年12月6日)。

- コミュニケーション能力
  「私には伝えたいことがある」という自覚がある
- コラボレーション能力
  「私のアイデアは話し合ってよくなる」という経験をたくさん積む
- イノベーション能力
  「意見の違いを統合して高みにのぼる」実感を自分のものにする

　上記の3点「コミュニケーション,コラボレーション,イノベーション」から,「力と夢を育てる新しい学校づくり」の取り組み例を見ていくこととする。

　成功事例から学ぶ,徹底的に現地調査する。それが,かつての筆者の「元気の出る学校づくり研究」の手法であった。しかし,その学校の成功事例は,部分だけ知って,まねるようなことはできなかった。本質的に学校を創るとはどういうことかを考えさせられる,大きな衝撃のフィールド調査となったのである。

毎日のように開くある学校のHP，アクセス数はまもなく17万件に近づいている。その学校は福井県坂井市立丸岡南中学校（坪川淳一校長，生徒数429名）。注目すべきは学校評価結果，生徒の満足度97.4%（2010年度）。

　こんな公立中学校があるのか。なぜ，ここまで生徒は満足しているのか。そこには何人かのキーパーソンと多くのサポーター，そして地域の風土と独自のシステムが機能していた。

　丸岡南中学校は，旧丸岡町における唯一の中学校であった丸岡中学校の過大規模化に伴う分離新設校として平成18年4月に開校した。その年，筆者は坂井市立小中教職員研修「学校評価」の講演に招聘され，初めて当該校の名前を知る機会を得た。

　平成20年，福井市管理職研修講師と県内6校の私立高等学校第三者評価者として筆者は福井に出向いた。その際，先の二つの業務とは別に当該校（当時，伊藤俊英校長）訪問の機会を得た。その後，平成22年自主研究発表会，平成23年と，3度目の訪問となった。今回の訪問には，梶田叡一氏（元中央教育審議会副会長）と学

校新設当時の中核を担った前田洋一氏（現在，鳴門教育大学）に同行いただいた。まずは，訪問者による視察報告という形で，先述の「コミュニケーション，コラボレーション，イノベーション」という視点から述べていくこととする。

## 1．コミュニケーション

### (1) 校訓と教育目標

　新設校は何から何まで開校に合わせて新しくそろえることが必要となる。ま

ずは，学校のミッションである重要なものが「校訓」である。

2010年のNHK大河ドラマは，坂本龍馬の33年の生涯を描いた『龍馬伝』。坂本龍馬といえば，『龍馬がゆく』を書いた国民的歴史小説家の司馬遼太郎氏が思い浮かぶ。その司馬遼太郎氏の文章「二十一世紀に生きる君たちへ」と丸岡町ゆかりの開高健氏の言葉「悠々として急げ」を参考に校訓はつくられた。

> 校　　訓：高々と悠々と共々に
> 教育目標：信頼を重んじ，感謝と自主・自律の精神を育てる

基本計画（構想）では，学校関係者との意見交換を基盤として，保護者や地域，生徒の意見を踏まえて進められた。学校通信には校訓と教育目標が毎号必ず掲載されている。

(2) 挨拶

コミュニケーションの第一歩は挨拶である。研究発表会参加者に「この学校は異常です」とまで逆説的な表現で感激させるほど，生徒のすべてがすばらしい穏やかな表情と笑顔で自然に挨拶をしている。学校の規則だからとか，挨拶をしないと先生や先輩に怒られるからとかいったことではない。

生徒自身の言葉によると，「あいさつは，もう癖になっている」「先輩も先生もあいさつしてくれる」「あいさつをしないと逆に変な感じがする」。このような生徒の言動の一致に教育効果として理念の体現を見る。「できたらいいな」の理想型の礼儀や振る舞いが生徒に体得されている。それは，安心して自己表現できる生徒どうし，生徒と教職員，教職員どうしの関係性が構築されていることの証拠ではないか。授業中の発言の中にも，休憩時に廊下を歩く校長先生に話しかける生徒の会話の中にも，その信頼感が随所に見られる。

単なるふれ合いとしての会話でなく，指導者は指導者どうしと学習者に伝えたいことを校訓・教育目標に基づいてもっている。そして，学習者である生徒も生徒どうしと指導者双方に伝えたいことをもっていることがわかる。

このことは，客観的評価として，次のような参観者の感想にも見られる。

「穏やかでしなやかな生徒像がうかがえる。先生は指導者，生徒は指導を受ける者といった主従関係ではなく，ともに学びともに成長するといった関係がこのような生徒の雰囲気をつくっているように思う」（小学校教員）。

## ２．コラボレーション

### （１）　給食

　今回の訪問では，まずランチルームへ。調理施設は学校に隣接している福祉施設が担っている。地域連携の理念とともに日常の中に障がい者理解が生まれ，その教育効果は大きいと学校長は言う。
　給食だけでも驚かされることは３点ある。１点めは，学校給食のイメージが覆されるほど美味な献立で，それはHPにも掲載されている。冷蔵保存し校内の調理室で再加熱して提供されるクックチルド方式を採用したものである。
　２点めは，あらかじめ示された２種類のメニューから選択でき，弁当持参も可能なことである。３点め，実は本当に驚かされるのは，初めの生徒が並び始めて20分後には429名全校生徒と教職員32名全員が一堂に会して食事が始まる光景である。これは，まさしく大家族のなごやかな食事風景ではないか。実に楽しそうな心地よい空間である。
　しばらくして，食事が終わる頃にはマイクをもった生徒が連絡事項を告げ，教員からの連絡事項も続く。その間，ただの一度も「禁止・命令・注意」の言葉はない。それでも，誰かがマイクをもって話し出せば，水を打ったような静寂が訪れ，「聞こえている」ではなく，「聴いている」姿がある。

### （２）　ひとり立ち清掃

　平成22年度自主発表会の参観者（現職教員）の一人は涙を流した。そのわけをこう語っている。
　「感動して涙しました……。その最大の理由は……掃除の時間。トイレ掃除

第2章　こんな学校が日本の教育を変える

ぴかぴかに磨き上げられたトイレ

清掃前に黙想をする生徒の姿

を見に行きました。あまりの美しさに写真を撮ろうとしたのですが，掃除中の生徒が『まだ汚いので……』と，後で撮ってほしいというのです。掃除分担の決め方を聞いてまた感動。説明してくれた生徒のところでは，まずトイレから決める。立候補制ですぐに決まってしまうとのこと」。

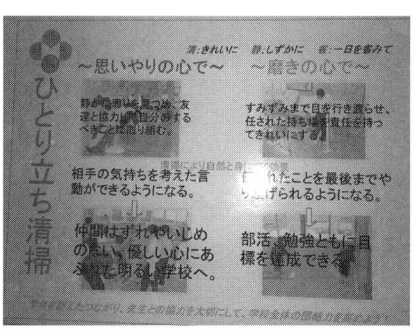
ひとり立ち清掃の掲示物

ひとり立ち清掃，その掲示物の一部に次のような文言がある。

```
清：きれいに
静：しずかに
省：自分を省みて
```

これは初代の生徒が考えたものである。受け継がれているこの「学校文化」。清掃活動を学校教育に位置づけていない諸外国の教育関係者に一見の価値として提示したい。

## 3．イノベーション

### (1) 「壁をトル」

　掲げた校訓・教育目標を達成するためには，ハードとソフトが一致していることが重要である。

　ソフトには設計者と毎週のように協議してきた当時の新設担当者（前田洋一氏）の「壁をトル」というキーワードが生かされている。

　学校の中に生徒が行けない場所を造ってはならない（危険箇所は論外）。一般的には，「３年生のトイレには１年生は行けない」ということはよく聞かれる実態である。

　施設は縦のつながりを重視した教室配置。計画段階では，教科も大切だが，学年のまとまりも大切とされ，クラスのホームルーム教室となる教科教室は学年のまとまりが取られるように配置することが目標とされた。しかし，学年を超えた上下の関係こそ大切ではないかということに着目し，教科のまとまりと兼ねた縦３クラスのまとまりが四つある構成を採り（当該校では，スクエア制とよんでいる），中学校では画期的ともいえるものとなった。現在は，先輩，後輩が互いによい影響を与えながら日常生活を過ごしている様子を見ることができる。

### (2) メディア・スパイラルに基づく空間構成

　教科センター方式というテーマをうけて，設計者は「メディア・スパイラル」というコンセプトを立てた。これは学年４～５クラスの計画規模に対応し，大勢の生徒の動きを調整するためにメディアスペースを中心とした各教科センターを立体的に展開するというものである。このコンセプトに従い，パティオとよばれる中庭や吹き抜け，多目的ホール等を構成要素に加え，空間が流動的につながった一体感のある校舎が誕生した。また，この空間構成は，生徒が動くという教科センター方式の特色をダイナミックに視覚化したといえる。

第2章 こんな学校が日本の教育を変える

　学習の核となる場は，教科ごとにメディアセンター方式とよばれる教科教室を採用している。教科の教材や掲示・展示物がしつらえられた各教科のメディアセンターを中心に，1〜4の教室が設けられている。

　例えば，英語メディアセンターでは，少人数でのカセットを利用してのリスニングや活動を考慮し，稼動式の一人用テーブル・椅子を用意している。また，ここでは英語ビデオの鑑賞も行われている。

　廊下の窓際には，生徒の美術作品を展示。生徒用ロッカーや学生服をつるす場所は，教室の外。教科ごとに教員の机が配置され資料や備品もある。しかし，廊下との壁がない。

　美術館かと見紛う階段やトイレ。生徒が飾りつけた明るくかわいい階段掲示。部活動連絡用ホワイトボード。生徒の受け答えも礼儀正しいが，不自然な硬さが全くない。

生徒が制作した鳥の階段アート

3年生の下駄箱
かかとが折れた靴はなし。3年生の下駄箱の整頓はいちばんだ。

オープンスペースに教師用机や備品

11

「学校のいいところは？」の質問にはどの生徒も即答する。「授業のために移動するのは，気分が変わるし，友達とおしゃべりできるからいい」「田舎だけど悪い人がいないし，平和だからいい学校だと思う」「勉強は好きではないけど，学校は楽しい」「先生や先輩と気軽に話ができるところがいいところ」「学校が新しいからきれい。図書室がいちばん好き」。

　その図書室は，玄関のいちばん近いところに位置していて，常に生徒の憩いの場所となっている。特に冬期の下校時にはスクールバスを待つ生徒たちが勉学に励んでいる。貸出数も年間7,000冊を超え，文部科学大臣賞も受賞している。

(3)　生徒の学習習慣を支えるシラバスと通知表

　実は先述してきたハードを活かすソフトの核は評価にあった。

　あまりにもすばらしい施設を見学した者の中には，「費用対効果」を問う議員などもいる。短期的な効果は教育においては見られないことを前提として語られることは多い。しかし，ここでは，教育効果はこの学習に取り組んでいる生徒の姿と学習結果に表れている。

　授業は，全体での話し合い，グループでの話し合いと学習のスタイルが何度か変化するものであった。その中で「話す・聞く」「読む」「書く」といった活動を状況に応じて行っていた。五つの約束事を中心に学習習慣の定着を図る取り組みは国語科だけでなく全教科で行っている。

　福井県の中学生の学力は，2009年度学力学習状況実態調査も全国1位であった。当該校は特に数学は上位にあり，体力・学力ともにさらに伸びを示しているという。そして，B問題の正答率のほうが高いということも特徴的である。

　生徒指導上の問題がこの校区にだけ皆無というわけではない。この地域の小学校に生徒指導上の問題点があっても，「この中学校に来れば大丈夫」という言葉が地域住民や教職員の言葉となって表れる。このような言葉を全国のどれだけの学校が胸を張って言ってもらえるだろうか。人的環境と物的環境とそれを維持発展させている教員の資質が自信なのであろう。

　梶田氏は「いい授業をするためには，どのような授業が子どものために必要

かを追究するのが教師の本務である。この教科センター方式が活かされて、教師が互いの授業を自然に見たり聞いたりして切磋琢磨していくことにつながっているのではないか。このような教員の質がまず重要で、子どもに力となって表れていく」と述べた。

信頼性・客観性のある評価をどう確立するかということについて、筆者は評価の精度だけを高める作業で「評価疲れ」を起こしては、授業の質を高めるエネルギーは残されないと考えている。重要なのは、観点別評価ができる評価計画があることである。観点別に評価するということは、多様な資質・能力を児童生徒に育てる事前の評価計画に基づく学習が行われるということにほかならない。評価計画作成に着手することから効率的な改善が生まれる。そして、学習したことと評価されることが一体化していくだろう。

これまで、評価は常に指導者側、教師サイドから語られてきた。しかし、学習者である子どもの側に立ったとき、「学習したことが評価されること」でなければならない。言い換えれば、「指導と評価の一体化」から「学習と評価の一体化」ということが、評価の信頼性・客観性を確立していくことでもある。このことが、子どもに事前に示されているのが、開校時から作成されている当該校のシラバスであった。

さらに梶田氏は、各学年別にまとめられたシラバスとそれに対応した通知表を手にして、「このような取り組みは大変なことではあるが、改訂を踏まえてきちんと取り組まれていけば、確実に子どもに力がついていく」とそのあり方を首肯された。

## 4．産みの苦しみから産んだ楽しみに

生木を裂くように友達と別れて分離した年度の3年生。その中の一人である運動部員は、「以前は『自分がレギュラーになるためにはどうしたらいいか』を考えていた。この中学校に来て『どうしたらチームが強くなるか』を考えるようになった。この学校に来てよかった」と卒業時に答えた。

このような生徒の言葉を聞いたとき，「産みの苦しみから産んだ楽しみに変わった」と前田は述べた。そして，また「子どもの幸せのために学校はある」という学校づくりの目的を口にした。

現在，創立時に着任した教職員は半数以下になっている。少しずつ構成メンバーである教員が代わろうとも，このシステムが組織として機能しながら発展し，

善野，梶田，坪川，前田（訪問2011年）

学校文化ができている。7年目を迎えた同校が，今後開校時に比べどのように継続発展をしていくかに注目していきたい。詳細は学校のHP www.maruokaminami-j.ed.jp/　を参照されたい。

(本章は，『週刊教育PRO』〔日本綜合教育研究所，2011年〕に掲載されたものに加筆したものである。)

（善野八千子）

# 第3章
# 教科センター方式の学校

福井県坂井市立丸岡南中学校　遠景

## 1．筆者と丸岡南中学校

　前章で善野が紹介した学校と，筆者（前田）との関係を示しておく。

　丸岡南中学校は，丸岡町立丸岡中学校を分離して，平成18年に坂井市立丸岡南中学校として開校した。

　開校前は，全国的に広がった「平成の大合併」の時期であり，開校までは坂井郡丸岡町教育委員会が管轄していたが，開校時には坂井市（旧福井県坂井郡，三国町，坂井町，春江町，丸岡町の4町が合併）教育委員会が管轄して市内の5番目の中学校として開校した。ここで開校までの大まかな流れを示しておく（表1参照）。

　筆者は，昭和61年～平成8年まで，丸岡中学校に勤務していた。母校に勤務していたわけである。下記した「経緯」には平成12年から具体的な2校化計画が進められているが，以前にも1,000人を超える生徒数による校舎の狭隘が問題となっていた。しかし，開校経費等経済的な理由により，具体的な話は勤務中には，見ることができなかった。

表1　丸岡南中学校　開校までの経緯

| | |
|---|---|
| 平成12年 | 町立中学校二校化推進委員会設置（6月） |
| 平成14年 | 用地確保（10月）　基本計画策定委員会設置 |
| 平成15年 | 新中学校設計プロポーザル審査（6月） |
| | 中学校教育推進協議会をPTA，教職員，社会教育委員等で設置（7月） |
| | 基本設計まとまる（12月） |
| 平成16年 | 実施設計（3月）　校舎，屋内運動場建設工事着工（9月） |
| 平成17年 | 校名，校章，校訓，制服等を決定 |
| 平成18年 | 丸岡南中学校開校（4月）（平成18年3月まで　旧丸岡町教育委員会主管） |

　平成15年3月に策定された「丸岡町立新中学校　基本計画報告書[1]」には，当時の丸岡町が目指す教育目標，地域，学校関係者，生徒，PTA，有識者の意見をまとめ，新設中学校の運営方式を「教科センター方式」で行うことが示された。

　筆者はこの当時，県教育委員会での5年間の勤務を終え，新設中学校の校下となる小学校に平成13年から勤務していた。「教科センター方式」という新しい学校ができることを知り，これまでの丸岡中学校の勤務経験等から，果たしてこの運営方法がうまくいくのかどうかは懐疑的であった。

　分離前の一時期，丸岡中学校は生徒指導的に「しんどい」時期を経験した。そのことを併せて考えれば，なお一層懐疑的にならざるを得なかった。

　当時，丸岡中学校に勤務しているかつての同僚の話を聞くと，平成18年開校と決まっても，「教科センター方式」をどのように運用すれば成果を上げることができるかの具体的方法は手探り状態であることがわかった。

　しかし，小学校に勤務している筆者にとっては「対岸の火事」的であったことは否めない。野次馬的視点から，どのように計画が具体化されているかを見ているだけで，それも批判的な見方をしていたのは事実である。ただ，勤務している小学校を卒業する子どもたちが通う学校であるため，よい中学校になってほしいと願っていた。

　平成16年の秋頃だったと思う。丸岡町教育委員会に報告の用事があって行った際に，当時の教育長から呼び止められ教育長室に入った。

教育長から「新設中学校は教科センター方式で行う。そのカリキュラムなど学校のソフトウェアの部分を計画するように。現時点では正式ではないが、来年度は、開校準備のために丸岡中学校へ異動させる」と命令を受けた。まさに、「対岸の火事」の火の粉がわが身に降りかかった瞬間であった。

「教科センター方式？」いったいどんな運営方法なのだろうか。そんな中学校をつくってうまくいくのだろうか。うまくいかない理由はいくつでも思いつくが、うまくいったとき、どういう状況になっているのだろうか。ゴールイメージができない。「はい」と返事をしたものの勝算は全くなかった。

## 2．教科センター方式の学校

### (1) 教科センター方式とは

新しいシステムは成功するのか。教員でなくとも、読者でここまで読み進めた方は、善野が前述した丸岡南中学校の様子も新設中学校であり教科センター方式だからではないかとお考えになる方もいらっしゃるだろう。

ここで、教科センター方式について若干の説明をしておく。

一般的に見られる中学校は、普通教室と特別教室からなる。これを「特別教室型」という。それに対して、教科ごとに専用の教科教室を設け、時間割に応じて生徒が教科教室へ移動して授業を受ける形式を「教科教室型」の運営方式という。また、教科もしくは関連する教科教室をまとめて、教科のメディアスペースとなる多目的スペースや小教室、教師ステーション、教材室などを組み合わせて教科センターを構成するという計画方法を、特に、「教科センター方式」とよぶ。「図1　丸岡南中学校1F　教室配置図」を参照されたい。二つの理科実験室と理科講義室、それに付属する教科のメディアスペースと教師ステーションを含めて、理科スクエアとよんでいる。「スクエア」というよび名は当該校の造語である。四角く囲まれた教科教室ということである。他の学校では「エリア」とか「クラスター」というよび名もある。

数学スクエアを参照されたい（図1参照）。教科教室の後方にホームベース（以下，HBと略す）がある。

HBとは，学習の場と生活の場を兼ねる従来の普通教室から生活機能を切り離し，専用スペース化したものを指す。教科教室型の運営では従来の普通教室が教科教室へと再編成されるので，生活の拠点を設定するためにこれを用いる計画手法が考案された。テーブル，ロッカー，ソファー，連絡用掲示板等が設置され，学級の集会，休憩・だんらん，交流，食事，自学自習等の場となる[2]。

このHBの広さや用途は教科センター型の中学校ごとに異なっている。

学級の構成人数に比例して，大きく確保されている学校では，学級生徒全員の椅子や机が確保され，学級指導や生徒どうしの談話，給食，休憩等が行われる。

自教室がないため，学活や道徳，総合的な学習の時間は，ホームルーム教室

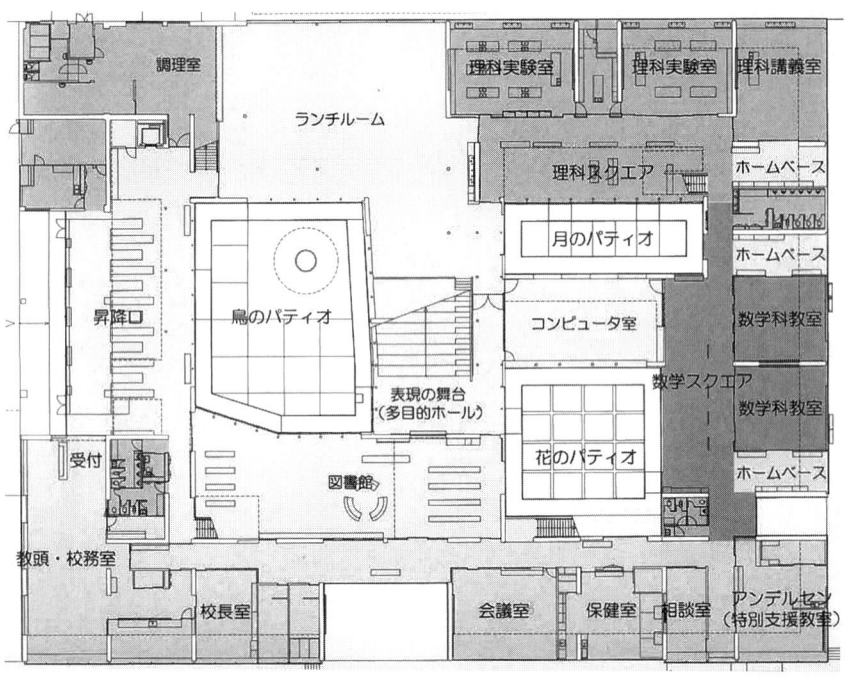

図1　丸岡南中学校1F　教室配置図

として教科教室を割り当てて使用している。ホームルーム教室はクラス専用ではないので，隣接してHBを設け，生徒個人ロッカー，ベンチを配置し，クラスの掲示物を貼るスペースが設けられている。教室とは違いアットホームな空間であり，授業と生活を切り替える場所として活用されている。生徒一人一人に与えられている個人ロッカーは鍵つきで，自己管理による自律を促すようになっている。また，個人ロッカー扉はすべて違う色で作られており，生徒一人一人の個性を大事にするということを象徴している。

写真1　HBでくつろぐ子どもたち

　図書，ドリル，メディア教材等の学習に用いられる素材一般が集積された場所をメディアセンターとよぶ。

写真2　メディアセンターで教師に質問する子どもたち

　図書室と異なる点は，随時自由な利用がしやすい体制でオープンに用意されていることである。各教科ブロックに用意されるオープンスペースを教科メディアセンターとよぶことがある。教員の教材開発や生徒の学習に関する懇談に使われる。また，少人数指導を行うためにも活用される。

写真3　メディアセンターでの少人数指導

　特別教室型の中学校では普通教室で複数の教科の授業を行うため，その教室を特定教科の特性だけで活かすことはできず，教科の特性や魅力を伝える環境づくりや教科ごとの施設設備を使った授業がしにくい。教科教室制では，このような欠点を克服することを目的としている。言い換えれば，教科指導を主軸

においた学校運営方法である。

教科教室型,教科センター方式には,利点と課題がある。屋敷[3]は以下のようにまとめている

---
―教科教室型の利点―
〈教科指導（経営面）〉
- 各教室において教科にふさわしい学習環境が整備できる。
- そのため学習意欲が高まる。
- 授業準備がしやすい。
- 多目的スペースの活用等により課題解決的な学習や個別指導が可能である。
〈教室移動の効果〉
- 教室移動が気分転換になり,学習意欲が高まる。
- 学級・学年を超えた交流が活発になる。

―教科教室型の問題点―
〈教科経営に関する内容〉
- 教員の意識改革が必要。
- 教科に応じた雰囲気づくりが難しい。オープンの教室は騒がしい。
〈学年・学級経営に関するもの〉
- 学級の仲間が集まる場所がない。
- 学級やHR教室への帰属意識が薄い。
- HR教室は教科教室と併用のため時間割編成が大変であり,また使いづらい。
〈教室移動に起因する問題〉
- 移動時の混雑,移動に時間がかかる。
- 生徒が教室移動を負担に感じる。
- 生徒の掌握が難しくなる。
- 持ち物の運搬や管理が大変である。
- 机や椅子など物を大切にしなくなる。
〈教育行政に対する注文〉
- 教科教室制実施のための理解・支援が不十分である。
---

## (2) 取りやめた教科センター方式

教科センター方式を取り入れようとするとき,いくつかの成功事例が示される。しかし,その陰で,うまくいかなかった事例も存在するのは確かである。

屋敷ら[4]の調査によれば,2008年時点で国内の教科センター方式の学校は,

52校ある。その一方で，2001〜2006年の間に取りやめもしくは休止した学校数は，休校した1校を除き9校ある。時期は前後するが，藤原ら[5]は，過去に教科センター方式を実施した4校に対して，資料の収集と，現校長・教頭と元校長・教頭にヒアリング調査を行っている。この4校は，ともに研究指定校で導入前の検討が十分に行われていたにもかかわらず取りやめに至った学校である。4校とも「生徒の落ち着きがなくなった」「器物の破損」等の学校の荒れ，すなわち生徒指導上の問題と，「職員室がないため教員間の人間関係ができず，教師間の連帯感がない」ことを挙げている。特に，生徒指導の基盤となる学年教師間の意思の疎通が不十分であったことを指摘している。

また，他の中学校では，教員の大量異動の後の「生徒の荒れ」を指摘しているという事実から，新任・転任教員への継承が難しいことを指摘している。そして，学級帰属意識の低下や学年・学級経営の強化が必要であることを示している。

では，具体的に教科センター方式を取りやめた学校の例を見てみよう。

一つめは金井ら[6]がまとめたI中学校に関するものである。同校は，1996年に開校され，斬新なデザインで建築された中学校である。この中学校では，開校当時は教科センター方式で運営していたが，2007年に取りやめた学校である。

金井らの研究は日本建築学会で発表され，その報告は次のようであったことを鈴木[7]はまとめている。

鈴木によれば，I中学校では，開校から4年ほどの間は，教科教員の連携は研究室，学年教員の打ち合わせの場は校務センターという，教科教室型校舎の本来的な運用が展開されていた。しかし，以下の引用にあるとおり，この運用方法については明確な規定がなく，特に教職員間の意思疎通や協働関係の構築について，特別な準備はなかったようである。

教員には通常の職員室にあたる校務センターと，教室に近い研究室があてがわれている。前者は学年教員の打ち合わせの場として，後者は教科教員間の連携の場として認識されているが，明確な規定はなく，個人の判断で居場所が選択されている。

ここで，特別な準備はなかったという点は，きわめて重要である。逆説的に言えば，「特別な準備」があれば，教科教室型のメリットを発揮しつつ，教職員間の意思疎通や協働関係を構築することができる可能性を示唆しているからである。

　なお，報告によれば，この4年間に開校当初の教員の半数以上が異動している。このことは，教科教室型への教員サイドの熱意や習熟度の相対的な低下を意味している。そして，開校年以降，生徒指導への対応に追われる時期が年間にわたって続いたもようである。具体的には，授業からの抜け出し等生徒指導上の問題に追われ，弾力的な教科指導は影を潜め，そして，「問題が起こると教員は校務センターに集まった」という。このように生徒指導への対応から，教員，中でも学級担任を校務センターに集約することにした結果，研究室はほとんど利用されなくなってしまったという。そして，年度初めの1か月間のみ特別教室型による運営を行って，生徒を学校に慣れさせるとともに，異学年との接触を回避するという措置をとるに至った。

　さらに，その後は研究室の主な担い手は学級担任以外の教員のみとなってしまったこと，加えて生徒指導上の問題から異学年との交流を避けるようホームルーム教室を配置した結果，設計上の教科エリア（同校では「系列」と呼んでいる）と実際の利用の仕方にずれが生じていることなどが報告されている。

　二つめは，平成17年1月の校舎改築を契機に教科センター方式を導入し，平成20年1月に教科教室型から特別教室型に移行した中学校について，屋敷ら[8]がまとめている。

　以下は，事例分析の引用である。

　「導入後，11か月目の調査では，半数近い生徒が教科教室制を好意的にとらえていたが，教員は4割にとどまっていた。その後，ホームベースのテーブルやメディアセンターの掲示物を撤去せざるを得ない状況が生じ，3年目には教職員は，生徒指導を充実するために教科教室制休止の検討を行うに至った。教育委員会の決定を経てちょうど3年間で一時休止となった。

　教室は，授業の妨げにならないよう，仕切りのない完全オープン型の教室に

は他の教室と同じようにガラスの引き戸が設置された。また，ガラスの引き戸を有するすべての教室の廊下通行者や着席する生徒の視線の高さには幅のある帯状の曇りフィルムが貼られた。学力向上が課題となっており，授業への集中力を高めるためのものである。（中略）休止1年後には，学校が見違えるほど落ち着いたとの報告を得た」。

　ここまで読まれた方は，丸岡南中学校が，新設中学校であり，教科センター方式という理由で学校が健全に運営されているということではないことに理解いただけたであろう。

〈註〉
(1)　丸岡町立新中学校基本計画策定委員会「丸岡町立新中学校　基本計画報告書」，2003年
(2)　教育方法等の多様化に対応する学校施設の在り方に関する調査研究会議「教育方法等の多様化に対応する学校施設の在り方について（調査研究のまとめ）」，1988年
(3)　屋敷和佳「中学校・高等学校における教育多様化のための施設・設備の改革と課題に関する研究」，科研報告書，1997年
(4)　屋敷和佳・山口勝巳「国公立中学校における教科教室制の実施状況と校舎の利用実態・評価」『日本建築学会計画系論文集』第73巻634号，pp.2583-2590，2008年
(5)　藤原直子，竹下輝和「教科教室型中学校の検証研究（小・中学校(2)，建築計画Ⅰ）」学術講演梗概集．E-1，建築計画Ⅰ，各種建物・地域施設，設計方法，構法計画，人間工学，計画基礎 2005，pp.177-178，2005年
(6)　金井雄哉，菅野實，小野田泰明，坂口大洋「岩出山中学校における教科教室型校舎の運用に関する事例的考察」学術講演梗概集．E-1，建築計画Ⅰ，各種建物・地域施設，設計方法，構法計画，人間工学，計画基礎 pp.343-344，2006年
(7)　鈴木重夫「教科教室制運営における教職員の協働関係の構築について―中・大規模校における教科教室制運営について―」放送大学大学院文化科学研究科『教育行政研究』第1号，2011年
(8)　屋敷和佳，山口勝巳「教科教室制休止に対する生徒の評価に関する事例分析：教科教室型中学校施設の利用状況と評価に関する研究」その11（中学校(2)，建築計画Ⅰ）社団法人日本建築学会　学術講演梗概集．E-1，建築計画Ⅰ，各種建物・地域施設，設計方法，構法計画，人間工学，計画基礎 2009，415-416

（前田洋一）

# 第4章
# 学校改善に魔法のような方法はあるか

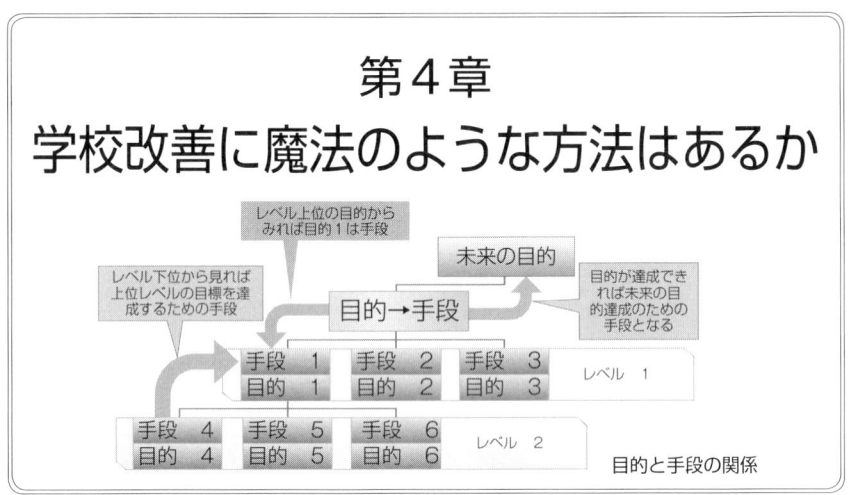

目的と手段の関係

　学校には，よりよく子どもたちを育てるために，いろいろな教育方法や学校のシステムがある。ここまで示してきたことは，生徒の自主性を標榜する教科センター方式というものは，その効果に対する期待と裏腹に，現状を悪くすることの証拠でもある。改善のつもりがもっと悪くなってしまうわけである。

　教科センター方式の場合は，学校全体の組織から教育法まで大規模な取り組みである。生徒の自主性を育てるつもりが学校の「荒れ」を招くのならば，やらないほうがよいわけである。

## 1．ノーチャイム運動から考える

　少し視点を変えて，他の取り組みを見てみよう。

　2002年の学習指導要領改訂の際に，授業時間の弾力的運用が認められた。学校では，これまでの授業時間，小学校なら45分，中学校なら50分を見直し，学習時間を10～15分に分割するモジュール学習を取り入れた学校もある。これを機会に，子どもの自主性をはぐくむために「ノーチャイム運動」に取り組んだ学校がある。

『神戸新聞』(web版)[1]2010年10月23日付にはノーチャイム運動に関して次のような記事があった。

---

―授業知らせる音色は必要？　不要？　県内小中学校―

　授業の始まりと終わりを告げるチャイムの回数を減らしたり，なくしたりする「ノーチャイム運動制」を導入した兵庫県内の小中学校で，成否が分かれている。チャイムの運用は学校に任せられており，2002年度の新学習指導要領で導入校が増えたとみられる。

　時間を管理する習慣をつけさせ，自主性を養うことを目的に，一定の成果を収める学校がある一方，時間を守れない子どもが増え取りやめる学校も出てきている。

　運動場で遊んでいた子どもが，時計を見て少しずつ教室に帰り始める。チャイムは鳴らず，静かに休み時間は終わる。

　（中略）

　しかし，県内の学校では，逆に児童生徒が時間を守れず，廃止する動きもある。北播磨地域のある中学校では，教諭が教室に入るのを見てから生徒が動くようになるなど弊害が目立ち，5月に長年続いたノーチャイム運動をやめた。神戸市教委によると，チャイムを全部もしくは一部鳴らしていない小学校は，06年度に市内で95校あったが，09年度は88校と減少傾向にある。
　　　　　　　　　　　　　　　　　　　　　　　　　（筆者，一部修正）

---

一方，わかやま新報[2]にはこのような記事もある。

---

―30年以上続く「ノーチャイム運動」，本町小学校―

　6月10日は「時の記念日」。和歌山市住吉町の市立本町小学校は，時の大切さを知るため学校ノーチャイム運動（チャイムを鳴らさない運動）を30年以上前から続けている。児童たちは自らが時間の使い方を考え，自然と時間管理ができるようになっているようだ。

　ノーチャイム運動「心にチャイムを」というこの運動は，児童に普段の生活の中で物事に余裕を持って行動するための「5分前行動」を取らせており，時の大切さを学んでいる。児童たちは長年のノーチャイム運動で習慣付いたのか今では授業に遅れることもない。また，新入生らも上級生に教えられ，伝統の習慣が身に付いているという。校長は「児童たちは心に余裕があり落ち着いて行動しています。逆に私の方がうっかりしてしまいます」と苦笑い。

> 4年の児童は「チャイムがないので，普段から時間の使い方を考えて余裕のある行動をしています。学校以外でも時間ぎりぎりでということはなくなりました」と話している。

　さて，このような現象をどう考えればよいのだろうか。
　自主性にとっては必要不可欠な自己の時間管理ができるよう取り組んだノーチャイム運動が一方では成果を上げ，もう一方ではノーチャイム運動からチャイムに移行することで担保されようとしている。
　これは，教科センター方式にもあてはまる構図である。
　教科センター方式丸岡南中学校のソフトウェアの部分を考えるとはどうすればできるのだろう。教室の配置を決め，カリキュラムを当てはめ時間割をつくる。具体的にはそれだけである。手本とすべき学校はいくつかある。うまくいっている学校のシステムを，そのまま丸岡南中学校に導入すれば，うまく運営できるかもしれない。しかし，それで巨額の税金（約35億円）を投じてつくり上げた学校がそれに見合うだけの成果を上げることができるのだろうか。成果を上げるどころか「荒れ」ないのであろうか。
　現状から考え，学校や教育の仕組みを変えようとする人たちは，ある方法を提案するとき，「この方法はすばらしい方法である。過去に，いくつかの成功例がある。これで学校はすばらしいものになる」と声高々に言う。成功した学校と，うまくいかなかった学校では，いったい何が違うのだろうか。どうやら，学校改善には，魔法のような方法はないようである。

## 2．学校改善成功の鍵

(1)　やっていることの価値

　もう一つ，ノーチャイム運動から考えてみよう。新聞記事にある，次のことである。「時間を管理する習慣をつけさせ，自主性を養うことを目的に，一定

の成果を収める学校がある一方，時間を守れない子どもが増え取りやめる学校も出てきている」。

チャイムというのは，次の区切りを知らせるためのものである。チャイムがあることで教室に入ることができるなら，それでもいいのではないかという考えである。

「時間を守れない子どもが増えた」ということは，単純に考えれば，あたりまえのことである。よくよく考えてみれば，チャイムが鳴ることで教室に入る子どもたちというのは，それ自体が成果である。チャイムが鳴らなければ教室に入らないということは，しごく，あたりまえのことなのである。

学校のいたるところに時計を設置して，子どもに時間を守るように指示すれば，一人一人が時計を見て自分の行動を管理するようになるだろうという考えは，いかがなものかと考える。

ノーチャイム運動を成功させるために最も重要なことは何であろうか。それは，子どもたちが，チャイムが鳴らなくとも席に着くことに価値をもっているか，ということである。

「チャイムがないので，普段から時間の使い方を考えて余裕のある行動をしています」と発言した子どもは，間違いなくノーチャイム運動であることに意味を見つけている。

それは，自分から感じたことかもしれないが，一番は，教師が彼らの行動に価値づけをしたことである。

「チャイムが鳴って，教室に入らない学校から見れば，チャイムが鳴って教室に入れることはすばらしいことです。でもあなたたちは，チャイムが鳴らなくてもそれができるということは，とんでもなくすばらしいことです」という具合である。

ノーチャイム運動が順調に実施できている学校では何が変わったかという問いに対して，「何も変わっていない」という回答を聞くことがある。

この学校では，教師が2分前に教室に行き，教壇に立っている。子どもたちから見れば先生が来たことがチャイムなのである。子どもたちにとっては，

「チャイム＝先生が来る」ということになっている。つまり，先生がチャイム代わりになっているということである。当然，先生が来なければ，何人かの生徒は席に着かないかもしれない。先生がいるときには席に着くが，いないときには着かない生徒は「自分で時間管理ができている」とはいえなくなると考えることもできる。

　もちろんそういう見方もできる。しかしここで大事なことは，教室に先生がいるということなのである。

　時間を守るということは，すべて対人関係を良好に保つための「方法」なのである。遅刻をすれば，待っている人がいやな思いをしたり心配したりする。遅刻をしてもその場所に誰もいなかったらほっとしたりする。でもそこに待っている人がいたならそうはいかない。遅れたことの謝罪をし，理由を聞かれたらいろいろ説明しなければならない。自分のことを心配してくれていたのなら感謝しなければならない。その人のために時間を守ることが大切なのである。

　それを子どもたちに理解させるのなら，教師は待っていなければならない。

　そして，待っていた人がうれしくなることで，時間を守ったことに価値があると感じることができるのである。

(2)　目的と手段，成果

　「ノーチャイム運動ができる学校＝自主性が育っている学校」の図式ははなはだ乱暴であるが，ノーチャイム運動ができている学校とできなかった学校で明らかに違うことは，「チャイムがなくとも子どもたちが不自由ではない」ということは間違いない。おそらく，ノーチャイム運動の実施にあたって，学校内に時計を増設したり，授業開始２分前着席を目標に教師が働きかけしたり，試行期間を設けて，試験的にノーチャイム運動を実施したりしたのであろう。

　ノーチャイム運動が順調に実施できている学校では何が変わったかという問いに対して，「何も変わっていない」との回答があることを先に示した。つまり，チャイムがなくとも，子どもたちが支障なく行動できるようになった。チャイムの必要がなくなったからノーチャイム運動なのである。自主性が育った

かどうかの一つの指標が時間に合わせて行動するというものならば，ノーチャイム運動ができている子どもたちにはその能力が身についたことになる。

ここで考えなければならないことは，目的と方法（手段），それと成果との関係である。原因と結果は密接に関係していると考えるのが一般的である。ノーチャイム運動ならば，ノーチャイム運動を実施したから子どもが自分で時間管理ができるようになった，という考え方である。

そこで，これを入れ替えてみよう。

自分の行動を時間で管理できる自主性を育てるために導入したノーチャイム運動は一つの方法でしかなく，時間を管理できるように子どもたちに対し，さまざまに関わり合った成果としてノーチャイム運動が継続できるようになったということではないだろうか。

つまり，これを教科センター方式に置き換えると，子どもの主体的な学びを目的として導入される教科センター方式は方法ではなく，生徒に主体的学びができる力がついているから継続できると考えることができる。

また，教科センター方式とは読んで字のごとく方式＝方法でしかない。方法を実現することを目的としてはいけない。

やることを目的にすると，いろいろなところで無理が生じ，全体がゆがんでくる。そのままにしておくと，以前より悪くなる。

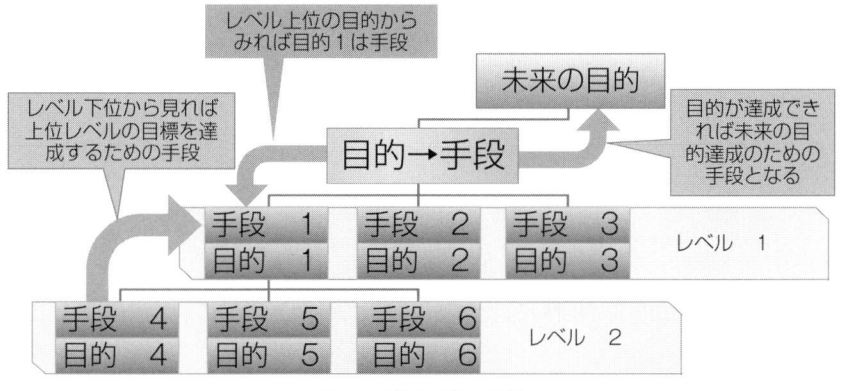

図1　目的と手段の関係

手段と目的は注意しないと簡単に入れ替わってしまう。
　なぜなら，図１にあるように，目的と手段は表裏一体の関係があるからである。
　レベル２から見れば，そのレベルの手段(手段4)はレベル１の目的(目的1)達成の手段であるが，その目的(目的1)は，より上位の目的の手段(手段1)となる。そして最終的に達成した目標は，未来の目的達成の手段となる。
　ノーチャイム運動は，時間を自主的に管理できる子どもたちを育成する手段であり，次のステップとして子どもたちが自分で時間管理できる能力を手段として，次の未来の目的（目標）を達成していく手段となる。
　手段が目的化するというのは，この関係を見誤ることである。ノーチャイム運動は，それより上位の目的を達成するための手段でしかない。
　方法を実践していくことで，「目的が何であったかを見失ったり，意識されなくなったりする」ことがある。ノーチャイム運動を継続することだけが目的化すると，子どもたちにどんな力を育てようとしてやっていることなのかを見失ってしまう。

(3)　本当の目的は何かを考える　―挨拶の目的―

　ある中学校での一つのエピソードを示す。学校訪問に行ったときのことである。玄関を入ると，生徒と偶然出くわした。生徒は筆者に対して挨拶をしてくれた。挨拶ができる学校なのだなあとわかり，うれしい気分になった。
　校長に校内を案内してもらうと，生徒は挨拶をしてくれた。校長室に戻り，校長と面談すると，「昔は荒れていたときもありましたが，今は，落ち着いています」「落ち着いてきた証拠に，挨拶はよくしてくれます」と言う。確かに，学校を巡るとそういう感じである。校長は「子どもたちはまじめですけど，元気がない，何かやろうとする意欲が足りません」と続けた。
　その後，学校全体での研修会となり，参加された先生方に，次の質問をした。
　「この学校の子どもたちは，廊下ですれ違う度によく挨拶をしてくれました。それはすばらしいことです。挨拶はできています。子どもたちの挨拶の仕方を

見てみると，それはさまざまです。大きい声で挨拶をしてくれる生徒，友達と話しながらタイミングを見はからって会釈をしてくれる生徒，本当にいろいろな挨拶をしてくれました。それでみなさんにお尋ねをします。挨拶をする目的は何ですか？」

参加された先生方はきょとんとして，「えっ？」という感じであった。挨拶の目的？　何を今さらという感じであった。ある先生からは「コミュニケーションのきっかけ」「人間関係を円滑に運ぶため」という答えが返ってきた。中には，「学校で挨拶をするのは当然だから」という答えもあった。

挨拶の目的が「コミュニケーションのきっかけ」なら，挨拶をしたらコミュニケーションが進まなければならない。「人間関係を円滑に運ぶため」なら，挨拶をすることで円滑にならなければならない。やってもやっても目標が達成できないのなら，手段としては不適切となってしまう。あるいは，手段としては適切なのだが，そのやり方が間違っていることになる。

「人と会ったら，挨拶をするのはあたりまえだから」という考えは，教育的とは言い難い。人の行為には，必ず目的があるはずである。教育は，ある目的をもって行われている。教育するのが目的ならば，究極の目的である人格の形成までは届かない。教育するというのは手段だからである。

Web版『日本大百科事典』(小学館)[3]には，挨拶の意味として次のような記述がある。

> 日常の人間関係を円滑に取り運ぶための，一定の形式をもった，なかば儀礼的な相互行為。一方，人間関係を疎遠にするために交わすこともある。

挨拶も，やり方を間違えると人間関係が悪くなることもあるようだ。

さて，読者のみなさんは挨拶の目的は何だとお考えだろうか。そして，挨拶をすることでその目的が達成されているだろうか。

挨拶の「挨」と「拶」の両方に「そばに身をすり寄せて押し合うこと」という意味がある。中国宋代，禅文学の代表典籍である『碧巌録』[4]には，次の文がある。「玉は火を將て試み，金は石を將て試み，劍は毛を將て試み，水は杖

を將て試む。衲僧門下に至っては，一言一句，一機一境，一出一入，一挨一拶に深浅を見んことを要し，向背を見んことを要す」。この中の「一挨一拶」が語源になったようだ。

これを『現代語訳碧巌録』[5]では次のように訳している。

「玉は火で（真贋を）試し，金は石で試し，剣は毛で試し，水は杖で試す。禅坊主の一門では，一つ一つの言葉，一つ一つの動作，一つ一つのやりとり，一つ一つの切り込みで，（悟りの）深浅を見きわめようとし，正しく向いているか，背いているかを見抜こうとする」

「一挨一拶」とは，師が弟子に対して，ときには軽く押し，ときには強く押して問答をしかけ，その悟りの深浅を測るというところからきている。

子どもたち一人一人の言動をも見守り，ときには厳しく，ときには優しく言葉をかけ，その心を読み取る。

つまり言葉や動作のやりとりで，子どもたちの実態を見落とすことなく，子どもの心を推し量り，心や体の状況を確認するということである。互いに心を開いて接すること，さらには互いに認め合うことが挨拶である。

このように見てみると，挨拶は子どもたちより教師のほうが率先して行うことに意味があるようだ。

筆者は，挨拶の目的は，「私はあなたの敵ではない。いつもあなたのことを気にかけている存在である」ということを伝えるためと考えている。だから，心を開き合う挨拶とは，目を合わせて笑顔でと考えている。声の大きさや会釈の深さではなく，笑顔で目を合わせることができることが重要なのである

本当に挨拶について見なければならないことは，子どもが礼儀として行う教師や来校者，つまり大人への挨拶ではなく，子どもたちどうしの挨拶の状態である。

毎日，あたりまえに行なっていることほど，「その意味や目的を考えながら行動する」ということは少ない。子どもたちに挨拶の意味を感じてもらうためには何が必要か考えておくことが重要である。

⑷　本質的な問いを考える

　二つの中学校が統合されて一つの中学校になった例がある。統合前に二校の中学校の教員が校則について検討することになった。両校に共通していた校則はそのまま継続していくことになったが，大きな問題が生じた。それは，女子のソックスの色である。一方の中学校の女子のソックスは白で，もう一方のソックスの色は紺色である。新しく統合される学校のソックスは何色にするかが議論となった。侃々諤々の議論となった。

　教員が指導する際にソックスの色はさほど問題ではない。異動によって勤務する中学校が変わり，その学校に前の学校と違った校則があってもそれはその学校の校則であり，過去に自分がしてきた指導と齟齬を起こすことはない。なぜなら，教員にとっては校則を守らせることがいちばん重要だからである。

　しかし，今回の場合は違っている。同じ教員と生徒が新しい学校に通うことになるからである。例えば，紺色が新しい学校の校則になったとしよう。白色のソックスが校則にあった学校では，教員は紺色を履いてくれば注意をしてきた。ところが，新しい学校では同じ生徒に紺色を履くように指導しなければならない。今までだめだったことを守らせなければならなくなる。そうなると，白色を履かせてきた指導は意味のないことになってしまう。

　そのときに両校の教師は，生徒たちを育てる生徒指導は靴下の色を決めることではないということに気がつくわけである。校則とは何だろう。生徒指導とは何だろうという本質的な問いに向かうことが，教育や学校を考える一歩である。

⑸　意識改革は手段にならないと知る

　混沌とした社会の中で，経営環境が変化している今日では，「社員の意識改革を実現しなければ持続的成長は困難である」とか，「意識改革しなければ，この困難な状況を克服できない」「個人が課題に責任をもって積極的に対処していくよう意識改革を進めていくことが必要である」などといわれることが多

い。つまり，個人の意識改革を手段として事にあたろうとする考え方である。

この考え方の根底には，「学校を含め，組織とは個人の集合体である」という考えがある。つまり，意識改革を手段とする方法は，個人の意識が変われば行動が変わり，組織全体として良好な方向に進むという考え方である。

意識改革を進めるためにとられる手法は，個人対個人である場合が多い。あるいは，研修など個人対集団の場合もある。これらの方法に共通しているのは，意識を変えたい人，あるいはその代弁者から個人に向けられることがほとんどである。

図2　危機感による意識改革

それも，「このまま行くと，とんでもないことになりますよ」とか，「今こそ意識改革が必要なのです」というように，危機感をあおる場合が多い。

このようなことは，子どもたちを教育する場面でもよくある。例えば中学教師が「このままでは，高校進学さえ危ない。4月になって，みんなが高校に進学していってもあなただけが行き先がない。それがイヤなら『やる気を出して（＝意識を改革して）』勉強するように」というような状況である。

確かに，このような個人対個人の働きかけが効果を上げる場合もある。しかし，この方法は，自己や自己を取り巻く現状の認識ができても，それが実際の行動に至るまでに高い障害がある。「わかっているけど，どうしたら意識改革ができるかわからない」状態である。勉強の苦手な子どもたちにとっては，どうすれば「やる気」が出るのかわからない状態である。そうなってくると，危機感をあおっても逆効果になる。「どうせ，だめになるのならやめておこう」「何とかこれ以上悪くならないように」とか考えるようになってしまう。ここに，意識改革を手段とする大きな落とし穴がある。

意識改革は手段ではなく，結果であるということである。意識改革の結果として行動変容・改革が生まれるのではなく，その個人が自分の望む方向に向かって行動している結果として意識改革が起きるのである。大事なことは，やってみることである。

　例えば，「さまざまな子どもたちに対応するために，一人一人の子どもたちをよく見守ろう」ということを目標に掲げたとしよう。一人一人の子どもたちを見守るためには，「一人一人がかけがえのない存在であるという意識はこれまでももってきた。しかし，意味を再確認する意識改革が必要だ」ではなく，校門に立ってみて，登校する子どもたち一人一人に笑顔で挨拶するなどして，子どもたちを見てみたらどうだろう。

　学校内や教室で見せる顔とは違う顔が見られるかもしれない。それは，服装検査や遅刻調査，交通マナーやルールの徹底，自転車点検などの指導が目的ではない。もちろん，指導することは大切だが，それを目的としないで立ってみることである。見守りではなく，見張られていたのでは誰も笑顔で挨拶したくない。

　子どもたち一人一人の目を見て，挨拶をしていく。子どもたちの意識も変わっていくこともある。はじめはおとなしく，自分から話しかけることのできなかった子どもが，校門で教師の顔を見るやいなや「先生！　ちょっと聞いてよ！」などさまざまな日常のできごとや悩みを話し始めることもある。そういう成果が生まれてこそ，教師だけでなく子どもたちの意識が変わっていくのである。つまり，校門に朝立ってみるということが，意識改革を生んだことになる。

(6)　よりよい学校文化をつくる

　どんな学校にも，その学校がもつ特有の雰囲気がある。それは，学校の中を見なくとも，子どもたちに接しなくとも，校門をくぐった瞬間に感じるときがある。それは，そこに勤務する教職員によって創られてきたものでなく，自然と学校のいたるところからにじみ出てくるものである。

学校には，子どもたちや教職員のもつ共通の行動様式がある。そして，人間は誰でも環境に適応して生きていこうとする。つまり，教職員であれ子どもたちであれ，ある集団に属すると，その集団の行動様式に合わせて行動するようになる。このような目に見えない環境が風土とか文化といわれるものである。このような風土とか文化は，その学校の歴史の中で培われてきたもので，構成員の入れ替わりが起きても，まるで，生物の遺伝のように脈々と構成員を通じて伝えられていく。

　したがって，その集団や組織のもつ風土や文化は，その組織に属する構成員の意識，行動の集合体となる。

　よい風土と文化をもつ集団は，その環境が個人に働きかけ，彼らの主体性を引き出し，行動変革を促す。学校ならば，教師にとっては教育方法のやり方を，子どもたちにとっては友だちや教師との関わり方が変わり，具体的な成果を生み出す。その行動から生まれた成果が，結果としての意識改革となり，新たな風土や文化を生み出す。

　この学校文化を創り出すものを，カリキュラムという視点から見てみる。学校には生徒を育てるためのカリキュラムがある。カリキュラムには，計画されたカリキュラムである「顕在的カリキュラム（manifest curriculum）」とそれ以外の場で学習者が経験した内容を指す「潜在的カリキュラム（hidden curriculum）」がある。

自分以外の人を含めた，個人を取り巻く環境(=組織)

図3　環境が創る文化

「潜在的カリキュラム」とは，教育する側が意図するしないにかかわらず，学校生活を営む中で，児童生徒自らが学び取っていくすべての事柄である。生徒の学習環境と学校の秩序に関しては，学習環境の整備や学校秩序の課題は，生徒の学習意欲の向上にとって周辺的・間接的でありながらも，潜在的カリキュラムとして機能することはきわめて重要なことである[6]。
　そして，この二つのカリキュラムによって醸成されるのが学校文化である。
　学校文化とは，学校集団の全成員あるいは一部によって学習され，共有され，伝達される複合体である[7]。学校文化を実効性あらしめるには，学校文化が教員文化にとどまることなく，生徒文化の中に定着することと，地域社会の中でのまなざしに定着する必要がある[8]。そうすることで，学校文化は堅固なものとなり，生徒の社会化の大きな作用因となるのである。

(7) 学校文化の継承者は誰かを考える

　学校文化の継承に関して，これまで示してきたことに二つのことがある。
　一つは教科センター方式が継続できなかった問題として，教員の大量の異動があって，新任や転任の教員への継承が難しいということであり，もう一つは，先のノーチャイム運動の新聞記事の中にあった，「新入生らも上級生に教えられ，伝統の習慣が身に付いている」ということである。
　学校文化に限らず，文化とは，その集団に属する人たちが自らの手で，築き上げてきた有形・無形の成果の総体である。当然，継承すべき価値をもったものである。学校の子どもたちや教職員が共通の価値観や思考様式，行動様式を学習や経験すれば，子どもや教職員が入れ替わってもかなりの部分は継承されていく。そして，それが文化として定着し，子どもたちや教職員に影響し，人から人へと継承されていく。
　先の記事の校長の発言にもあるように，「逆に私の方がうっかりしてしまいます」というのは，子どもたちのもつ文化が，新任の校長にさえ影響を与えるということである。
　「わが校の教育の特徴は『子どもが主体の教育』です」。学校訪問を行うと校

長からよく聞く言葉である。学校活動の中心に子どもをすえ，それを支援する形で教師が存在する。

「子どもが主体」といったとき，大きく二つに大別できる。一つは子どもの自主性を引き出すために教師の指導性を重視する取り組みである。もう一つは，子どもが活動の主導権をもって取り組むことである。つまり，子どもが自分の意志と責任をもって学校づくりに携わり，それが実現できる仕組みをつくることが教員の役割である。

学校の存在意義は子どもたちに価値を生み出すことにある。会社組織と学校組織とを比べてみると，会社組織に利益をもたらす対象者は会社の外にいる消費者である。会社組織の構成員は消費者のニーズをつかみ，それに適合するサービスや商品を提供することで消費者の満足を得ることが会社の価値となる。これを学校にあてはめると，教職員が児童生徒に満足感を与えることが学校の価値となる。しかし，学校組織と会社組織を考えた場合，根本的に違うのは，学校の受益者は組織内にいるとともに，学校組織を構成している一員であるということである。つまり，教員より児童生徒こそが学校づくりの主体であり，教員が学校や学校内の受益者（児童生徒）に貢献することが学校の価値をさらに高めることになる。

(8) 組織を「学習する組織」に

学校が組織として機能しにくい事例として，研究や教育実践に取り組んだ学校が，それが終わってしまうと，その成果を継続的に教育活動に生かしたり，課題を解決しようとしたりしないことがある。また，ある先進的な取り組みをして成果を上げた学校が，そのシステムだけを継続して実践していく中で制度疲労を起こし，学校が荒れていくこともある。なぜこのようなことが起きてしまうのであろうか。それは，研究や実践がその学校で影響力をもつ個人を中心としてなされること，個人の成果は基本的に個人のみで終結し，他者には伝承されにくいことが原因ではないだろうか。

しかし，先に示したように，学校の組織がいったん独自の認知システム，価

値観，思考様式，行動様式などを学習すると，教職員の入れ替えや管理職の交代があってもかなりの部分は継承される。また，なぜこのような実践を行っているか，その目的や理念を明確に理解していれば制度疲労を起こす前に再考し，改善や改革に取り組んでいける。つまり組織の中に「学習する」という習慣が備わっていなければ一時的なものにとどまり，その効果もさほど上がらない。

「学習」とは，これまでのものの見方や考え方を変えて，新しい行動をとることができるようになることをいう。それは人間が自分を取り巻くさまざまな環境との相互作用を通じて果たされる。「学習する組織」とは，組織もまた，あたかも個人がそうしているのと同じように学習し続けることができるのではないかという概念である。

これらを踏まえて学校組織をとらえると，学校は絶えず新しい情報やものの見方・考え方などを環境条件から取捨選択して獲得し，組織内部にそれらを維持・定着させることによって新たな行動をとる働きをもっているといえる。社会の安定性・確実性が低く，しかも変化を続けている状況では，組織は環境との相互作用を通じて絶えず自らの進むべき方向性や使命を問い直すことを迫られる。学校裁量の拡大が進行する教育界において，学校組織はまさにそのような状況にある。つまり，学校は「学習する組織」としての作用をその内部に創り出す必要がある。

「組織学習」，いわゆる「学習する組織」とは，Senge[9]が『最強組織の法則』において提唱した組織論である。その中で，学習する組織には五つの基本的なディシプリン（構成要素）があるとしている。それは，「自己マスタリー」「メンタルモデルの克服」「共有ビジョンの構築」「チーム学習」の四つが必要であり，この四つを統合するための「システム思考」をまとめた五つのディシプリンである。

これについては，後に示す章でまとめる。

〈引用参考文献及び註〉
(1)「授業知らせる音色は必要？　不要？　県内小中校」『神戸新聞』（Web 版）2010年10月23日
(2)「30年以上続く『ノーチャイム運動』，本町小学校」『わかやま新報　Daily News』2010年6月9日

http://www.wakayamashimpo.co.jp/news/10/06/100609_7320.html）
⑶　『Web版日本大百科事典』（小学館）　http://100.yahoo.co.jp/detail/%E6%8C%A8%E6%8B%B6/
⑷　「仏果圜悟禅師碧巌録」　http://www.ndl.go.jp/exhibit/50/html/catalog/c030.html
⑸　末木文美士編『現代語訳碧巌録（上）』岩波書店，2001年
⑹　倉本哲夫「アメリカにおけるカリキュラムマネジメント論の構造―先行研究総括の位置付けから」『佐賀大学文化教育学部研究紀要』第11集第1号，pp.155-185，2006年
⑺　日本教育社会学会編『新教育社会学辞典』p.117，東洋館出版社，1986年
⑻　竹内洋「学校文化」『指導と評価』12月号，Vol.57-12 No.684，図書文化，2011年
⑼　Peter M.Senge（守部信之翻訳）『最強の書式の法則』徳間書店，1995年

〈参考文献〉
前田洋一「生徒の〈やる気〉と学校づくり」『教育フォーラム50〈やる気〉を引き出す・〈やる気〉を育てる』
　　pp.124-134，金子書房，2012年

　　　　　　　　　　　　　　　　　　　　　　　　　　　　　　　　　　　　　　（前田洋一）

# 第5章
# 学校づくりのコンセプト「壁をトル」

- ◉学校間の壁をトル
- ◉学校の中にある壁をトル
- ◉学校と社会との壁をトル

　さて，筆者の丸岡南中学校開校準備に関わっていちばん大きな仕事は，学校のソフトウェア部分，つまり学校カリキュラムの全般を設計することであった。そこで，その学校カリキュラム設計のコンセプトをどのように考えていったかを示してみよう。

## 1．教科センター方式は可能か？

　教科センター方式のカリキュラムを作成する際に焦点化されるものは教科指導であるが，これまで示してきたように，生徒指導の問題が顕在化して教科センター方式を取りやめる事例が多い。事実，教科指導については教科センター方式といっても特別教室型の学校とさほど差があるもではない。特別教室型の学校でも，特別教室をもっている理科や音楽などは，その特別教室はすでに教科センター的運用がなされている。つまり，全教科の半数以下の，国語，数学，社会，英語の4教科だけがその教科センター的運用をしていない教科である。そう考えれば，中学校には教科センターを運営する能力としての素地は備わっていることになる。

それならば，教科センター方式を実施することを通して，中学校のあるべき姿を考え，実現できるいいチャンスであると考えたほうがよい。理想とする中学校をつくり上げるチャンスである。

## 2．自分のための学校

　読者のみなさんは，どんな学校を理想とするだろうか。筆者は，「家のような学校」を理想とする。父親や母親である教師たち，兄弟のような先輩後輩，どこへ行っても阻害されず，安心の中で学習や生活ができる家のような学校である。つまり，居場所のある学校である。言い換えれば，教室に限らず，学校全体が自分の居場所とならなければならない。まさに，家が自分のために存在しているように，生徒が「自分のための学校」と感じられる学校である。

　あるテレビ番組を見た。ある生徒指導で「しんどい」状況にある学校を取り上げた番組である。タイトルは「熱血教師云々」だった。

　3年生の問題のある生徒が，1年生の校舎へ入っていく。おそらく学校では，他学年の校舎には行かないよう指導しているのであろう。それにもかかわらず，その生徒は1年生の校舎に入っていく。それを見つけた1年生担当の教師は，その生徒を捕まえ，職員室へ連れてきて，大声で怒鳴っている。「他学年の校舎には，行くなって言ってあるだろう。なぜ，1年生の校舎に入ってくるんだ」と指導していた。生徒指導で「しんどい」学校ではよく見る光景かもしれない。しかし，問題のある3年生といってもその学校の生徒である。自分は1年担任であっても，その生徒を1年生の校舎から排除するのではなく，自分の学校の同じ生徒として指導することが必要である。「お前は，ダメな人間だから学校の1年生の校舎に行くな」などと言うことは，教員としてはあってはならない。その子を排除するような発言を生徒にしているというのは，絶対に熱血先生ではない。

　中学校では，自分の学年のことはわかっているが，他学年のことはよくわからないということがよくある。すべてが学年対応である。生徒指導についても，

先ほどの例のように，自分の担当している学年を守るために他学年の生徒を排除するということである。

このような教師の対応は，学校に学年の壁があることを示している。中学校に限らず，学校にはさまざまな壁がある。それは，学校組織に起因するものである。特に，中学校では学校が学年組織を基本に構成されていることによる。確かに機能的ではあるが，組織構造の欠点もある。

どの学年に所属していても，学校にいる生徒はすべて自分に関わりのある生徒であると学校のすべての教員が意識できれば，先ほどのテレビ番組のような指導は存在しない。

## 3. 家のような自分の学校をつくるための方法「スクエア制」

### (1) 生徒が継承する学校文化

前章で，意識改革を求めてもそれは手段にはならないことを示した。中学校から学年至上主義を払拭するための方法が，異学年生活集団組織「スクエア制」である。そして，そのスクエア制は，生徒たちがよりよい学校文化を継承するための方法である。

学校文化をつなぐのは，教職員ではない。学校づくりの主体である生徒たちである。ならば，生徒たちが学校文化をつなぎやすい仕組みをつくることが教員の役割である。そして，その役割を担う仕組みが「スクエア制」である。

「スクエア制」とは，この学校の造語である。各学年1学級ずつの3学級を基本とした生活集団を一つのスクエアとしている。クラスが学活等で使用するホームルーム教室の配置は，1年1組を2年1組と3年1組で挟むというふうに，同

**鳥スクエアの生徒が作成した校内展示物**

43

じスクエアの学級どうしで配置している。通常の学校では自教室は学年ごとに配置され，学年ごとに別々の校舎に配置されることが多い。ともすれば，他学年の校舎への出入りが禁じられていたり，使用するトイレが学年ごとに指定されていたりするなど，校舎内での生徒の移動が制限されている場合さえある。それは，学年を隔てる大きな壁として存在しているともいえるだろう。丸岡南中学校ではスクエア制を取り入れることで，学年の壁を取り払うことをねらっている。また，学校すべてが自分の居場所，全校生徒が一つの家族といった意識をもてる温かい学校づくりも念頭に置かれている。いうまでもなく，不登校を出さない環境づくりの一環としても配慮されている。各スクエアのホーム教室の近辺には，スクエアごとに文化祭等で作成した作品が展示してあり，日頃から視覚的にもスクエアを意識できるような配慮がなされている。

　この「スクエア」による活動は，集団の中で自主性と自律性を育てることを目的として，主に生徒会活動において取り入れている。各学年のクラス番号が同じクラスどうしでスクエアを編成し，それぞれ1組スクエア〜4組スクエアとした。平成22年度は，各学年のクラス数が異なったため，抽選でスクエア編成クラスを決定したが，平成23年度に初めて全学年5クラスとなったため，これまでの4スクエア（4つある中庭にちなんで"花・鳥・風・月"と名づけた）に，"宙"（そら）スクエアを加えた5スクエア体制となっている。

　また，スクエア制による生徒の活動が，学校文化継承の礎となることも期待している。3年生を核として，2年生や1年生が集会や清掃および給食などの生活をともにすることによって，上級生から下級生に学校文化の継承がなされていく。また，行事などの際に下級生は，指導する上級生の姿を見ることで，自分たちがその立場に立ったときに自覚が生まれ，実行委員会に進んで立候補するなど，積極的な行動につながっている。開校当初の生徒会役員選挙は，無投票が多かったが，近年では生徒会長をはじめ，各スクエアリーダー選挙に立候補する生徒が増え，選挙をすることがあたりまえのような校風となっている。また，選挙ではなく立候補を募っている各専門委員会の委員長にも，多数の立候補者が集まり，毎年その調整に苦慮しているほどである。

丸岡南中学校の生徒会は，各スクエアから選出されたスクエアリーダー1名（前期は3年生，後期は2年生），サブリーダー1名（前期は2年生，後期は1年生）を選出し，学校全体から選出された生徒会長とともに執行部として活動している。全校生徒で行う行事は生徒会執行部が中心となり，スクエア単位の行事では各スクエアリーダー，サブリーダーが中心となって企画運営している。

(2) スクエア DAY

スクエアによる主な活動には，次の行事がある。スクエア活動は，5月のスクエア DAY と称するレクリエーションを中心とした行事でスタートを切っている。その企画運営は，スクエアリーダーが中心となり，各スクエアごとに生徒主体で企画され，教師はあくまでも支援する立場で行っている。レクリエーションのほか，各スクエアのイメージカラー（体育祭もこの色となる）の抽選や，小グループ（1〜3年生3，4名）に分かれての創作活動（各スクエアのホームルーム教室付近に常設）を行っている。このほか，スクエア対抗校歌合戦や軽食づくりなどを行い，スクエアの親睦を図る行事となっている。

(3) 体育祭・文化祭

9月初めに行われる体育祭は各スクエアのイメージカラーによる4色対抗（赤青黄緑，平成23年度には黒を加えたオリンピックカラー5色）で行われている。応援合戦を中心に，スクエア種目や開閉会式の練習など，スクエアごとに練習・行動することが多く，団結力が強まる最

大の行事となっており，当日は，卒業生や保護者が大勢訪れ大変な盛り上がりを見せる。3年生は夏休みから応援リーダー，衣装製作，応援パネル制作に分かれて準備を始め，2学期が始まると1，2年生を加えてスクエア全体での練習指導を生徒の手で行っている。

　また，体育祭の開閉会式をはじめ，各学年種目や全校フォークダンスの練習・指導は体育委員会を中心に生徒が前面に立って行い，教師はそれを支援するという形で運営され，生徒の自主性が大いに発揮される絶好の機会となっている。

　体育祭の1～2週間後に行われる文化祭では，スクエアごとに全生徒をステージ発表，展示製作，体験コーナーに分け，それぞれ展示・発表を行っている。文化祭でも3年生を中心に，生徒が主体となって，企画・準備・練習を行っている。

　体育祭・文化祭では，3年生のほとんど全員が何らかの形で1，2年生の前に立ってリーダーとして活躍する場が設けられており，上級生であること，学校を自分たちが引っ張っていくことを自覚する機会となっている。また，文化祭ではクラス対抗合唱コンクールも行われているが，こちらも大変な盛り上がりをみせている。スクエアごとに事前の発表会を行うなどの協力体制がとられており，学級の団結力向上にも貢献している。

(4) スクエアタイム・卒業生を送る会

　生徒会が2年生主体となる後期には，12月にスクエアタイム，3月に卒業生を送る会という集会を開いている。スクエアタイムは全校生徒によるスクエア対抗レクリエーションを中心とした行事で，後期生徒会執行部にとっては初めての大きな行事となっている。慣れていないこともあり，なかなかスムーズにいかないことも多いが，卒業生を送る会の運営でさらに経験を積み重ね，次年度のスクエアDAY，体育祭・文化祭を企画運営する力を培っている。

(5) スクエア制の成果

　『丸岡南中学校研究紀要』によれば，スクエア制を取り入れていることで次のような効果が得られている。

①学年を隔てる壁がなく，上級生と下級生との距離が近くなり，中学生にありがちな厳しすぎる上下関係になりにくく，全校生徒が仲よくなりやすい。実際に，地区の駅伝大会などでは，学年に関係なく一緒になって応援するという，他校にはない光景が見られるなど，他校に比べて異学年の仲がよいという場面を見聞きすることが多い。

　また，スクエアではなく学級対抗で実施している合唱コンクールでも，同じスクエアのクラスを応援したり，他学年の結果発表のときでも同じスクエアのクラスが入賞すると一緒になって喜んだりする（特に上級生が下級生に対して）姿が印象的である。

②上級生が下級生の前に立って活動する機会が多くなることで，必然的に人の前に立って活動する生徒の数も増える。そのため，上級生としての自覚が促され，リーダー性が育ちやすく，生徒の自主的な活動へとつながっている。

③スクエア活動だけでなく，日常の授業や学級活動，総合的な学習の時間など，あらゆる場面で上級生が常に下級生の近くで活動している。上級生の活動を見る機会が多いことで，お手本にしやすく，学校文化が継承されやすい。

## 4．みんなのために頑張ること

　こんなエピソードがある。ある運動部のキャプテンをしていた生徒である。
　多くの部活動はレギュラーのほとんどを丸岡中学校に残したまま新しいチームとして発足した。当然，練習試合や公式戦でも1勝もできないチームもあった。中学3年の大会とは中学生にとっていちばん大きな意味をもつ。これまで2年間練習に明け暮れた成果を示すときだからである。夏の大会を前に彼は，「2年間頑張ってきたのに，大人の都合で学校が分けられ，部活動も弱くなってしまった。部員はまとまらないし。もう，やめたい」と言い出した。
　夏の大会でも結果は予想通りだった。卒業を間近に控えたある日，授業の後に彼に「部活はどうだった」と声をかけた。彼は，「前の学校では自分がレギュラーになることばかり考えていた。だけど，ここでは，どうしたらチームを強くできるか。そのためにはどうやってチームをまとめればいいかをキャプテンとして考えていた。勝てなかったけど楽しかった」と答えてくれた。
　筆者は，彼がそう思ったのは，人としての自分の価値が高まったと感じたからだと考える。キャプテンとして，部活動にどこまで参画したのかも満足度の重要な要素になった。個人の利益から集団の利益について考えられるようになったことが，彼の満足感の要因である。

## 5．壁をトル

　筆者がこの学校のカリキュラム設計においたコンセプトは「壁をトル」である。中学校の現状を見てみると，学年の壁，教科の壁，教師間の壁，これらが閉塞感となって制度疲労を起こす。教員のセクト主義はもろ刃の剣である。生徒の学年を基盤としたセクト主義も同様である。
　先に示した生徒アンケートが生まれるのは「スクエア制」や「教科センター」だけではない。紙面の都合ですべてを紹介することはできないが，教科指

導，生徒指導のあらゆる側面でさまざまな取り組みが行われている。これらはすべて生徒どうし，生徒と教師の間の壁を取り払い，信頼感を醸成するためのものである。その成果は学力面にも表れている。

　何度か学校訪問をした結果，筆者が勤務していた頃より数段良好な状態である。現在の校長である坪川氏は，「この学校には，すべての子どもが何らかの人間関係を通して安心できる場所がある。学力をつけるためには，時間を余計にとって教科の問題を解くより，自分を防衛する必要のない良好な人間関係をつくり，それぞれの生徒が積極的に学ぼうと思えるようにすることが大切ではないか」と語る。

　筆者は，この学校が継続的に成果を収める鍵は，教師集団にあると考える。教師集団が，教育や学校についての本質的な問いをやめ，目的と方法を取り違えたときに学校が荒れ始め終焉を迎える。それは決して「教科センター方式」という方法がもっていた欠点ではない。

(前田洋一)

# 輝いていた丸岡南中の一年間

丸岡南中学校初代生徒会長　黒田茉希

　伝統もルールも何もない，新しい中学校，丸岡南中学校で過ごした1年間は，「ゼロからのスタート＝無限の可能性」，この言葉とともに，今でもしっかりと記憶に残っています。2校化で，新しい中学校で中学生最後の1年を過ごすことになり，私は初代の生徒会長を務めることになりました。開校式では，多くの新聞社やテレビ局が取材に来ていて，福井県中から注目されているということ身をもって実感しました。新しい学校への注目が集まっていること，新しい学校で何も決まっていないことに最初は大きな不安を感じました。しかし，何も決まっていない，何もない「ゼロからのスタート」であるからこそ，「無限の可能性が広がっている」と考えました。そして，これから何年も続いていく丸岡南中学校を自分たちで創っていこう，という気持ちで何事にも「自分たちで」という気持ちで取り組みました。その中でも私たち生徒会が一番力を入れた文化祭，一番心に残っている授業を中心に書いていきたいと思います。

　文化祭は，私たち生徒会にとって最大のイベントでした。丸岡南中学校の生徒会は，MMSA(Maruoka Minami Student Association)といい，生徒会長と各スクエアから選出されたスクエアリーダーの5人で構成されていました。私たちは，生徒会活動を始めるにあたり，「創」というテーマを設定しました。何もないからこそできることがある，自分たちでこの丸岡南中学校を創っていこうという意味を込めてこのテーマにしました。文化祭のある9月までの間もさまざまなルールを決めたり，スクエア制を生かしたスクエア活動を企画したり，いろいろなアイディアを出し合い活動を進めてきました。「初めてだから仕方ない」と言われることが悔しくて，話し合いをしてよりよい学校を創ろうと必死でした。文化祭を企画するにあたって最初に私たちが考えたことは，全校生徒が参加できる文化祭を創ろう，ということでした。そこで「creative power」というテーマを設定しました。今までの文化祭は文化部の発表や合唱コンクールの本選が中心であり，「参加する」というよりも「見ている」という印象が強くありました。南中の文化祭では，そうではなく，生徒全員が全体の場で輝ける機会をつくりたいと思い，「全員参加」をモットーに企画しました。

　全員参加型の生徒会企画，全クラスの合唱コンクール，スクエア制を生かしたスクエア発表，やりたいことは多くあり，今まで1日で行ってきた文化祭を2日間の日程で開催できるよう先生にお願いすることがスタートでした。企画を進めていく中でも「これでは全員が参加できない」「時間がかかりすぎる」などたく

さんの葛藤がありました。しかし，南中生全員の協力があり，初めての文化祭は今でもはっきりと記憶に残っているほどの大成功をおさめることができました。特に，初めての挑戦であったスクエア発表では学年の枠を超えて準備や発表をする南中生の姿を多く見ることができました。生徒会のメンバーにとって，初めてのことが多い半年間は本当に大変なことが多かった分，成長できた半年間になりました。私にとってもこの半年間は本当に大変で，何から始めればいいのかわからない，ということが何度もありました。終わってみれば全部いい思い出で，その思い出が私を大きく成長させてくれたと感じています。協力してくれた南中生や先生方には感謝したいです。

　次に，私が一番心に残っている授業について書きたいと思います。福井県で初めて教科センター方式が導入され，授業を受ける環境が大きく変わりました。教科ごとに教室を移動することは初めはとても面倒に感じましたが，毎時間違う教室で新鮮な気持ちで授業に取り組むことができました。各教科の教室の前にはメディアセンターがあり，そこには必ずその教科の先生がいて，いつでも質問できる環境でした。受験生にとってはとてもありがたく，わからないことがあるととりあえずその教科のメディアセンターに走っていました。しかし，私が一番心に残っている授業は，メディアセンターのある５教科の授業ではなく，学活の授業です。その授業のメインテーマは「みんなで校歌をつくろう」でした。学校には，昔からの校歌があり，体育館にその歌詞がかかっていることが普通ではないかと思います。しかし，丸岡南中学校にはまだ校歌がなく，体育館の額もまだ真っ白なままでした。

　校歌作成にあたっては，生徒の意見を取り入れたいという学校側の思いがあり，私たちのクラスでは，この授業で校歌に入れたい歌詞を考えることになりました。歌詞にみんなの「思い」や「願い」を込めよう，という担任の先生の提案のもと，グループで話し合いをしました。「今までになかったことに挑戦するという意味から英語を歌詞を入れたい」「今の風景を忘れないように周りの風景を入れたい」「校訓を入れたい」「南中に関わる人すべてに感謝の気持ちを伝えられる歌詞にしたい」「自分たちの学校を大切にする思いから丸岡南という言葉を入れたい」…本当にたくさんのアイディアが出されました。そのアイディアをもとに卒業する１カ月前の２月にやっと校歌が完成しました。完成した校歌は，明るいメロディーに，歌えば南中のことが浮かぶ歌詞，そして私たちの思いがつまった歌詞がたくさん入っていました。自分たちで創りあげた校歌だ，という思いがあり，気持ちを込めて歌うことができました。校歌に自分たちの思いを入れることができるという経験はとても貴重であり，一生忘れないと思います。このような機会を与えてくれた先生方に感謝したいです。

　私が南中で過ごすことができたのは，たったの１年で，経験した学校行事も数

えるほどしかありません。しかし，すべて大切な思い出で今でも昨日のことのように思い出されます。今年の成人式では，5年ぶりに南中生が集い，思い出話に花を咲かせました。南中での思い出を話すみんなの顔はとても輝いていて，1年間がどれほどすばらしいものだったかを物語っていました。私は，今教師を目指して勉強しています。その中で南中のことを思い出し，話をすることはとても多くあります。それくらい私にとっては誇れる学校であり，思い出です。次は教師として丸岡南中学校にかかわることが私の大きな夢です。大好きな丸岡南中学校が，伝統が積み重なり，よりよい学校になっていってほしいと思います。

## 子どもたちに「こころのやすらぎ」とたくましさを
―丸岡南中の取り組み―

丸岡南中学校第2代校長　坪川淳一

　丸岡南中学校は誰のためのものかと問われるまでもなく，学校は子どものためのものである。子どもたちがよりよい社会人に成長するためにある。教師は，その成長を助ける役目を担う。しかし時として，生徒が教師の自己実現のための手段になってしまうことがある。「いい学校といわれるように，生徒が挨拶をするように指導し」「いい先生だといわれるように，生徒がテストの点数を多く取れるようにし」「先生が勝負に勝ち満足感を得るために，生徒に猛練習させ大会で優勝」する。子どもが保護者の手段になるときもあるかもしれない。
　学校や家庭がそのようなところになってしまったとき，子どもはゆがんだ成長をしてしまうように思う。
　学校というところは，子どもが成功，失敗，挫折を味わい，歓び，苦しみ，楽しさ，悲しさ，うれしさやむなしさ等，いろいろな感情を経験しながら，一人前の社会人に成長するところだろう。
　したがって，学校の中では子どもどうしの感情的なぶつかり合いが起きるのがあたりまえと考えたほうがいい。一人前の大人の社会でもトラブルは起こり，いじめや殺人さえ発生している。ましてや子どもである。これから社会に適応していけるように，学校という閉ざされた社会の中で，子どもたちがそのようなトラブルを通して成長していくように導くのが，教師の大きな役目の一つだろう。教師によって守られた学校という社会集団の中は，いかに人と話し合い，違いを理解し合い協力し合って，共通の課題に向かって力を合わせ解決していくかを経験する場でなくてはならない。そして，その途中でトラブルが発生しないようにすることに，教師は神経をすり減らすのではなく，取り返しのつかないような事態

（例えば自殺，不登校，陰湿ないじめ等）にまで発展しないように支援しながら，トラブルの経験がさらに成長できる糧になるように，集団を導いていかなければならない。

　教師も保護者もいつも先回りをし，子ども間でトラブルが起きないようにしている現実は，好ましいことではない。かえって子どもの成長を阻害する。そのような意味で，丸岡南中学校が取り入れている「スクエア制（異学年縦割制）」は大変素晴らしい制度であるといえる。3年から1年までの異学年集団が，3年生を中心に試行錯誤しながら共通の課題に取り組む。その過程ではいろいろなトラブルが発生することもあるので，教師の指導力が問われることにもなるが，一つのスクエアが課題を達成する過程で段々と団結・結束が強まっていき，子どもは精神的に飛躍的に成長する。そのように，子どもはOJT的に学校づくり，行事成功までの企画検討や試行錯誤の過程を学びながら，子どもたちの中に丸岡南中学校の文化として下級生へと伝承される。そのような過程を見守り支援することで，今までになかった教師力が身につく。まさに，教師主導で最短距離で目標に向かわせるような従来の指導方法を身につけた教師にとっては，教育観の大転換となる。

　学校での日々の取り組みそのもの，即ち教科指導，生徒指導，学力観，地域との協働などあらゆる場面が，教師自身にとって，今までの認識が問い直される新たな研修の場になっているような学校でなければならない。教職員間にとっても，丸岡南中学校はOJTの考え方が開校時から自然に流れている学校である。

　スクエア制を取っている丸岡南中学校だけでなく，すべての教師は，常に子どもの中にとけ込んでいて，多くの子どもと関わり様子を把握して，子どもの変化に対応できるようにしておく必要がある。教師は子どもの成長のためにいるのであり，常に子どもの様子に関心を向けているべきである。常に子どもに関心を向けて，その外見のみならず心の変化にも敏感であるために，子どもの気持ちに寄り添い共感する能力が教師にとっていちばんに必要な能力といえる。

　そのように考えると，少なくとも教師はすべての子どもの名前を覚えるべきである。そして，「○○さん，髪を切ったね。似合っているよ」「練習試合でがんばっていたね，○○くん」等と，一人一人の子どもに声をかけるように心がけるべきである。何もなければ「おはよう。昨夜はとても暑くて参ったね，○○さん」でもいい。目を見て名前を呼び，声をかけてやることで，教師が関心をもって見ていることが子どもに伝わる。

　教師が子どもに対する愛情は無条件であるべきである。「○○が出来たから」「○○をしたから」「○○をしなかったから」あなたを認めるということでなく，「出来ても出来なくても，してもしなくても，あなたが存在するだけで」認める姿勢である。能力のある子もない子も，どのような性格の子も誰でもが認められ

る，そのような「無条件の承認」があって初めて，子どもが心から安らげる学校風土ができあがる。
　心安らぐ学校環境の中で安心することができて初めて，子どもは自分を認め他人を認めることが出来るようになるのではないか。いじめや自殺などの現代の教育問題をなくす原点は，ここにあるように思う。
　「丸岡南中学校の生徒は挨拶がよくできる」と，来校者のみなさんに褒めていただける。しかしそうではない。丸岡南中学校の生徒は人の顔を見て，目を見て挨拶ができる。そのような子どもはざらにはいないだろうという自負がある。それは，多くの子どもを前に挨拶する時でも，教師が子ども一人一人を認識して挨拶をするからだ。教師のそのような意識と積み重ねを評価していただいたと受け止めている。
　教師は子どものためにいる。教師のために子どもがいるのではない。子どもをどう動かしてやろうかではない。子どものためにどう動けばいいのか。
　教師はテストの点数が教育の成果を表すものではないことをよく知っていても，現実にはテストの点数に汲々とする。平均点は何点か，どの高等学校に何人合格させたかに一喜一憂する。最終的に，本当に子どもに身につけさせなければならない力はどんな力か。
　小学校で学習するような内容（例えば九九や割り算・かけ算，分数・小数，漢字など）は実生活に欠くことが出来ないが，高等教育になればなるほど実生活に必要不可欠な内容ではなくなる。そのような「知識」は最終的に子どもに身につけさせなければならない力ではないのではないか。ましてや現代社会は，めまぐるしい速さで変化している。どのような工業製品や情報・ものの考え方を見ても分かるように，今の最新のものが来年にはもっと革新的なものに取って代わられる。そのサイクルがどんどん短くなっている。めまぐるしく変化するだけでなく，現代社会はどんどん複雑にもなってきている。社会問題の解は一つではないし，解決方法がないのが普通かもしれない。この世の中は，わからないことだらけといってもいい。
　そのような社会にやがて出て行く子どもたちにつけてやるべきものは，何なのか。それは「たくましさ」だと思う。「知識」は必要だが本質ではない。わからないこと・解決困難なこと（勉強？）から逃げ出さず，諦めずジタバタできる「たくましさ」。「わからない・できない」ことに逃げ込まず立ち向かう「たくましさ」。そんな「たくましさ」が人を進歩させる。ラジオでやっているどこかのCMに「誰かがやってくれるのを待っているのをやめる」というのがあるが，誰かが解決してくれるのを待つ消極的な姿勢でなく，ゴールは見えないが試行錯誤しながら自分自身が自らの力で前進する姿勢につながるのではないか。
　丸岡南中学校の校訓は「高々と」「悠々と」「共々に」である。この校訓は，司

第5章　学校づくりのコンセプト「壁をトル」

馬遼太郎の文章と，丸岡町ゆかりの開高健の言葉「悠々として急げ」を参考につくられた。その司馬遼太郎は，小学生のために21世紀に活躍する小学生たちに向けて「21世紀に生きる君たちへ」という文章を書いている。その中で「たのもしさ」という言葉を使って，子どもたちにどのような人間になって欲しいかを伝えているが，司馬遼太郎の言う「たのもしさ」とこの「たくましさ」には相通じるものがあるように思う。

　丸岡南中学校の子どもたちを見ていると，「たくましさ」「たのもしさ」を感じさせられる場面に多く出会う。多くの中学校では，教師が根回しをし説得を重ねて無投票で生徒会役員が決まるのではないだろうか。丸岡南中学校では，毎回生徒会役員に必ず複数の立候補者が出て選挙になる。「たくましさ」をもっているということだと考えている。スクエア制がうまく機能しているともいえる。みんなが丸岡南中学校のことを「自分のための学校」と思っているということだろう。委員会活動は，いわば縁の下の力持ち的で日の当たらない地味な活動だが，「図書委員会」などはチョー人気な委員会になっている。その陰には，子どもに書店に出向かせて，自分ならこれが欲しいという視点で，新規購入図書を選定させるなどの教職員の工夫が隠れているわけだが，このように教育理念から考えられた教育システム，それを支える教職員の取り組みがうまく機能して，子どもたちに着実に力がついてきている。

　もう一つ，子どもたちに身につけてやりたいものは，「現状を肯定できる態度」である。それは「自分もまんざらではない」という悠々とした態度と言い換えることもできる。苦しみも悲しみも含めて現状を肯定し，次の一歩を踏み出せる子どもにする。子どものこの力は，「無条件の承認」を与えることができる学校・家庭でしか身につけさせてやることができないかもしれない。そんな力をもった子どもたちが成長し，閉塞状態にある日本社会に大きな風穴を開けてくれるものと確信している。

# 第6章
# 学校について考える

> 問題解決の二つの思考法
> ◉デカルト思考＝現状維持的問題解決策を探る
>   調査・アセスメント→分析・問題把握→問題解決策→
>   実施→確認
> ◉ブレイクスルー思考＝現状打破的問題解決策を探る
>   目的確認→あるべき姿を描く→解決策のシステム化→
>   実施→確認

## 1.「なぜ？」を考える思考法（デカルト思考）

　学校には様々な課題がある。子どもたちの状況から見てみると「学力」「学習意欲」などの学習指導に関わること「不登校」「いじめ」等生徒指導に関わること。目を転じて、教職員を見てみると「指導力」「不祥事」など。一つ一つ挙げていけばきりがないほど課題は見つかる。

　ある学校で問題が起きたとき、「なぜなんだろう。ほかの学校だって同じなのになぜうちにそんな事件が起きるのだろう」と考えたくなる。「なぜ」の答えを探す思考をする。今ある現象の原因を探る思考（「犯人捜しの思考」）である。

　現象の原因を探るためには、学校の現状を、部分や要素に分けて分析的に見ていくことが必要となる。例えば、学力低下という課題に対して、学力調査や学習に関する生徒の意識調査などをもとに、情報やデータを収集し、分析し、問題点を見つけ出し、問題の根源を探り、原因を見つけ、診断し、どのような解決策を適用するかを決め、問題のある部分に対策を講じてよい状況に戻す。

第6章 学校について考える

　しかし，この方法では，ある問題の解決策が，他の解決策に影響を与えたり，齟齬を起こしたりすることがある。
　このような問題解決の方法は，『デカルト思考』である。デカルト思考とは，「万物はばらばらにできる」「全体は部分の総和である」「部分を解決すれば全体の問題を解決できる」というものであり，問題の解決にあたって，全体を部分・要素に分解して，分析する思考である。
　解決を図っていくうえで，部分的な解決策は得られる。しかし，部分の問題を解決しても，全体の問題が解決するわけではない。また，分解した要素ごとに，ただ一つの正しい選択肢を求めようとする傾向があり，部分間，要素間でそれぞれの解が対立的であったり，競争関係になったりする。
　学校を改善していこうとする取り組みを行うときに，先行事例の研究をよく行う（当時の筆者もそうであった）。確かに，模倣すれば，短時間に計画・実践ができる。成果もある程度は約束されている。しかし，それではまた新たな課題

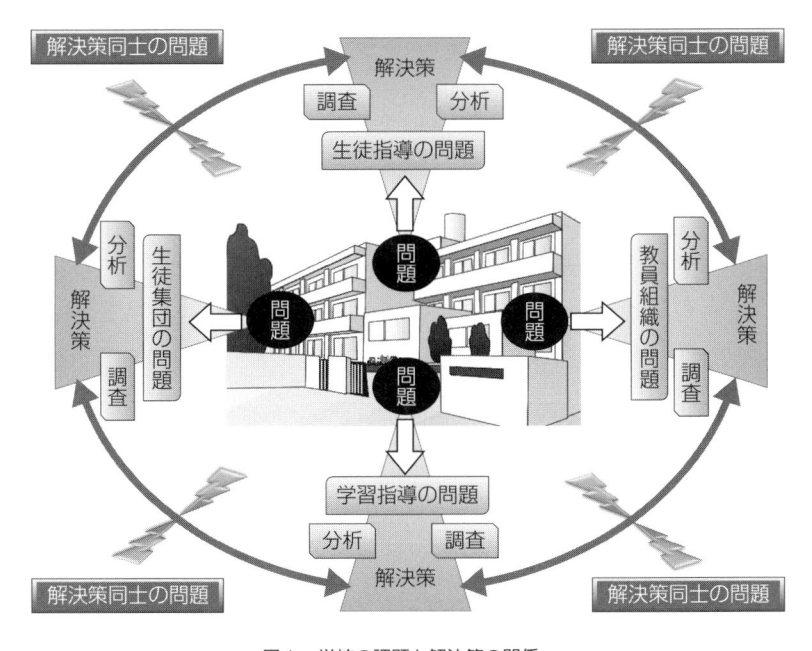

図1　学校の課題と解決策の関係

57

を生んだ状態に近づいていく。

　このような思考法では，現状復帰，もしくは過去の好ましかった状態への回帰が目標となり，複雑に絡み合っている要因相互の関係性については焦点を当てておらず，「統合する思考」が欠如している。そのため，全体的な視点を見落としたり，全体としての整合性，周りとの整合性がとれなかったりするなど「木を見て森を見ず」になるおそれがある。学校の課題・問題解決には部分の最適化から全体の最適化へ進むことが必要である。

## 2．「何のためか？」を考える思考法（ブレイクスルー思考）

(1)　過去の事例を学ぶと……，できない理由を考えると……

　学校をつくっていこうとするとき，先行研究や先行事例を見れば見るほど，課題解決の難しさがわかる。実践研究では，「うまくいった」例が多く紹介されているが，うまくいかなかったことがあることは想像に難くない。

　そうなってくると，デカルト的な思考では，予想される課題の対応策を考え

表1　デカルト思考とブレイクスルー思考

| デカルト思考（帰納法）<br>「なぜ？」を考える！ | ブレイクスルー思考（演繹法）<br>「何のためか？」を考える！ |
| --- | --- |
| 「分析」してから考える | 「何をしたいか」<br>「どうなりたいか」から考える |
| 「何故？」から一般解を求める | 「何のために？」から特定解を求める |
| 過去の問題中心←「犯人捜し」 | 未来の問題中心←「恋人探し」 |
| 過去・先行事例から学び<br>「似ていること」に注目 | 未来から学び白紙から考え<br>「ユニークさ」に注目 |
| 知識中心 | 創造力中心 |
| 分析・疑い・置換→<br>　課題をつぶす「モグラたたき」 | 信頼・希望→「行動」 |
| 集団・組織が発展すれば個人は幸せ | 個人が幸せになれば集団・組織も幸せ |

なければならないし,「起きそうもない課題」に対しても対応策を考えなければならなくなる。

　起きそうな課題や起きそうもない課題に対して考えるということは,思考法としては健康的ではない。ましてや,新しいものや枠組みをつくるときは,「できない理由」を数多く挙げることとなる。

　「そんな学校をつくると,生徒指導困難校になる。現に失敗した学校もあるじゃないか。だから,やめるべきだ」

　このような発言に対応しようとすると,「生徒指導の問題が起きないように,○○○という管理的生徒指導を行います」と答えることとなる。

　「そんなことをすると,学校不適応の生徒が増え,不登校が増えるのではないか」

　「不登校に対応するために,カウンセラーを配置します」

　つまり,課題→対応策→新たな課題→新たな対応策→さらに新たな課題→いつまでたっても,「じゃあ,やりましょう」ということにたどり着けない。つまり,できない理由を考えるということは,やらない理由を考えることとなる。

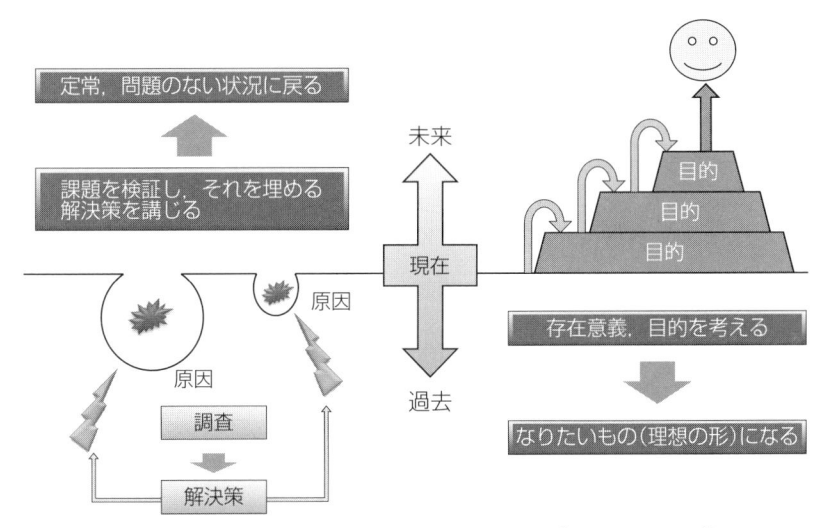

図2　過去から考えるデカルト思考と未来から考えるブレイクスルー思考

その一つの答えを示してくれるのが「ブレイクスルー思考」である。「ブレイクスルー思考」は，「ワークデザイン」の技法として知られている発想法・問題解決技法の一つである。ブレイクスルー思考の中には，目的(機能)展開法，手段展開法など，自問自答式に次々と考えを展開していくことが必要である。

分析的・機能的な思考法である「デカルト思考法」では，現状や過去を分析してから考えるのに対し，「ブレイクスルー思考」では，「何をしたいのか」「どうなりたいのか」から考える。理想の姿やあるべき姿を考えるわけである。

また，「デカルト思考法」ではなぜそうなったのかとか，なぜそうなるのかというように，「なぜ？」を考える。一方，「ブレイクスルー思考法」では，「何のためにそれをするのか」というように，目的の意味づけから始める。

解決法や実践方法についても，過去を中心に考え，失敗の原因を探る「犯人捜し」的であるのに対し，未来についてどうありたいのかを中心に考える，いわば「恋人探し」的思考法である。

当然，「デカルト思考」では，いろいろなことを知っているという知識が重要であるが，「ブレイクスルー思考」では，これまでにない解決法や実践方法など，新しいものをつくり出す創造力が求められる。

分析・疑い・置換というように，原因の排除を中心とする「モグラたたき」的であるのに対し，次の行動に結びつきやすい信頼や希望が中心となる。集団を基本に考えるデカルト思考に対し，ブレイクスルー思考では，個人を中心に考える。

表2　ブレイクスルー思考の7原則

| | |
|---|---|
| 1 | ユニーク『差』の原則 |
| 2 | 目的展開の原則 |
| 3 | 先の先から見た『あるべき姿』の原則 |
| 4 | 必要情報（限定）収集の原則 |
| 5 | システム思考の原則 |
| 6 | 参画・巻き込みの原則 |
| 7 | 継続変革の原則 |

ここで若干，ブレイクスルー思考やワークデザインについて説明をする。

ブレイクスルー思考は，ナドラーの「ワークデザイン」に起源をもつとされる。ナドラーのワークデザインが機械系に閉じた範囲での問題解決を指向していたのに対して，ブレイクスルー思考は，人間等を含めたオープンなシステムの問題解決を行うツールである。ナドラーのワークデザインでは，問題解決を考える前に，われわれが問題を解決する目的を考える。この視点は，ブレイクスルー思考においても継承され，基本的な枠組みとなっている。ブレイクスルー思考は，人間の目的行動に着目したアプローチを用いており，「7つの原則」（表2参照）に従って，問題解決法を探る。

ワークデザインは，要件定義などにも使用されてきた。一方，新製品開発や新ビジネスモデルの設計法としても活用されるようになってきた。さらにナドラーらは，ワークデザインを単に設計手法にとどまらず，新しい思考のパラダイムとして位置づけ，「ブレイクスルー思考」という名称に改変して，この思考法の普及活動を行っている。

(2) ユニーク「差」の原則

教員が，新しい学校に異動したときに，前の学校で解決した方法を，今度の学校でも取り入れようとすることがある。「前の学校ではこれでうまくいった」とか「この学校以外ではみんなそうしている」とかいう具合である。

また，現在の学校の状況を見ると，「学力の二極化」「学習意欲の減少」「規範意識」「道徳心，自律心の低下」「いじめ」「不登校」など，それぞれの学校には，類似した問題が多数存在している。同様な問題を抱えている学校の成功事例を見つけ出し，その方法ややり方だけを「まねて」実践しようとする学校も多くある。

しかし，やり方だけをまねても，成功した学校のようにうまくいかないことが多い。先に，教科センター方式の取りやめ事例やノーチャイムがうまくいかなかった事例を紹介した。成功した事例と同じ方法をとってもうまくいかないのはなぜだろう。

一つめは，成功した学校は，その解決策に至るまでにいろいろな方法にチャレンジし，その中の最適な方法を見つけ出したからである。模倣するということは，その学校が問題解決のために何を考え，何を大切にしてきたか，ただ単独で導入したのではなく学校改善の一つのプロセスとして導入したのかもしれない。つまり，成功した事例を模倣するということは，解決までの学校内の葛藤や解決のプロセス（どうやって解決までたどり着いたか）を理解しないまま「まねる」からうまくいかないのである。

　二つめは，その問題に関わっている教職員も異なるし，生徒も違う。組織も違うし，学校を取り巻く環境も異なる。ある条件下で成功したとしても，その条件が異なれば成功するとは限らない。

　不登校の改善に取り組み成果をあげた他の学校の方法を取り入れても，問題の解決策を得ることができないこともある。

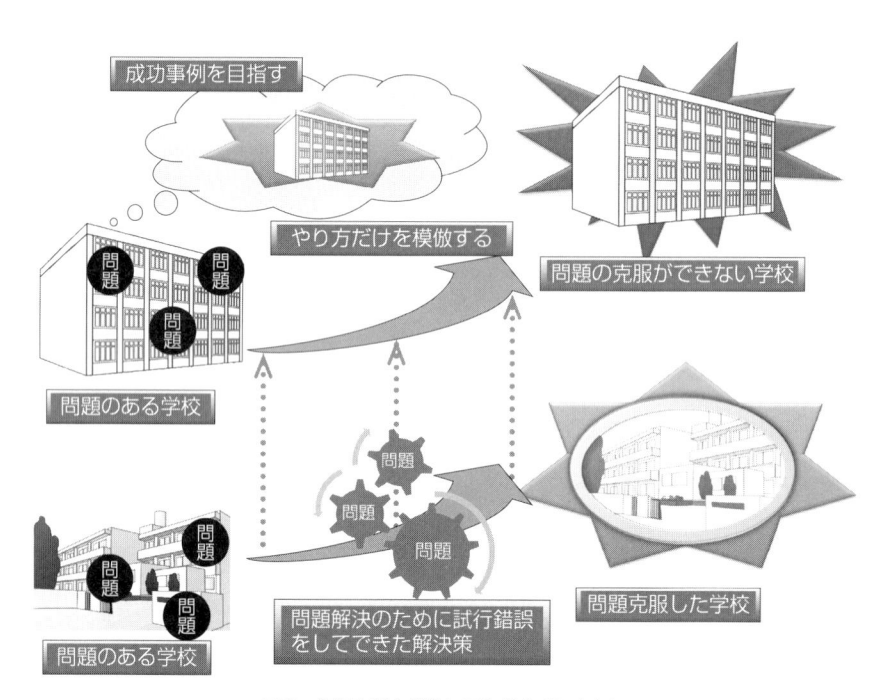

図3　先行事例を模倣してもうまくいかない

不登校という問題を見ても，同じ学校であっても不登校になる生徒もいるし，不登校にならずに楽しく学校生活を送っている生徒もいる。「自校の問題は，他の学校で起きている現象とは違う」という原則で考えなければならない。つまり，学校をつくるとき，改善するときは，学校や地域のもつ特定の文化，生徒のもつ文化，教師のもつ文化が影響し合っている。

それらを考慮した学校独自のもの（「特定解・策」）を考え出さなければならない。特に，多くの人々が関わる学校の場合には，関わる人により必要性，想い，思考が異なることにより，いっそう独自性が求められる。

(3) 目的展開の原則

学校独自のものを考えるといってもはなはだ難しい。どうしても課題を対象に対症療法的な方法を見つけることになる。しかしこれでは，「特定解・策」をつくりだすことは不可能である。

同じことをやっていて成果のあがらない学校がある。これまでの延長線上では，改善の効率化が難しい場合や大きな困難が予測される場合，先に示したユニークな特定解や新しい仕組み・システムを構築する必要がある。

学校を見てみると，目先の課題にとらわれやすい傾向がある。何か困ったことが発生すれば，「その障害をいかに除去するか」ということだけに課題解決の方法を探る。システムが大きくなればなるほど，細分化されたより小さいシステムに注目し，それを最適化することに躍起となる。

前述したように，以前，テレビを見ていたら，荒れた学校を取材した番組で，反社会的行動をとっている3年生に，1年を担当している教員が「なぜ1年校舎に来るんだ。あそこはおまえの来る場所じゃない。二度と来るな」と指導していた。熱血教員の奮戦の様子を取材しているものであった。これほど学校が荒れているんだなあと思った反面，このような教育では学校再生は難しいと感じた。

1年生の担任から見れば，「あんな上級生にはなるな。おまえたちは私たちが守る」と3年生の一部の生徒を排除しようとしているわけである。学校内の

悪い見本として。

　この方法では，確かに問題となる一部の3年生を排除して，健全な状態の学校システムをつくれることとなる。しかし，これは学校の状況を健全なものにする本質的な解決策ではない。

　学校というシステムの本質的な目的を見落として，現状の枠の中でよりよい解決策を探ることが新たな問題を生むこととなる。現状を打破して新しいシステムを構築する際には，本来の目的，より上位の本質的な目的を実現できるシステムを考えなければならない。そのためには，より本質的な目的，本当に必要な機能を整理してみる必要がある。

　そこで，「学校とはいったい何のためにあるのだろう」という本質的な問いについて考える必要がある。100人に聞いても，必ず全員からその答えは返ってくる。おそらく，その答えをもち合わせていない人はいない。「勉強をするため」「友だちをつくるため」「社会性を身につけるため」「体を鍛えるため」等々。では，もう一歩進めて，「勉強は何のためにするのだろう」の答えは何であろうか。

　「社会に出て活躍するために」等か。それでは「社会に出て活躍するために」は何のためだろうか。読者のみなさんはどのようにお考えだろうか。

　目的展開とは，目的の目的は何かを考えることである。目的の目的を考えることで目的の階層ができる。上の目的と下の目的の関係が重要である。下の目的は，上の目的を達成するための手段の関係にある。

　さて学校の目的を考えてみよう。

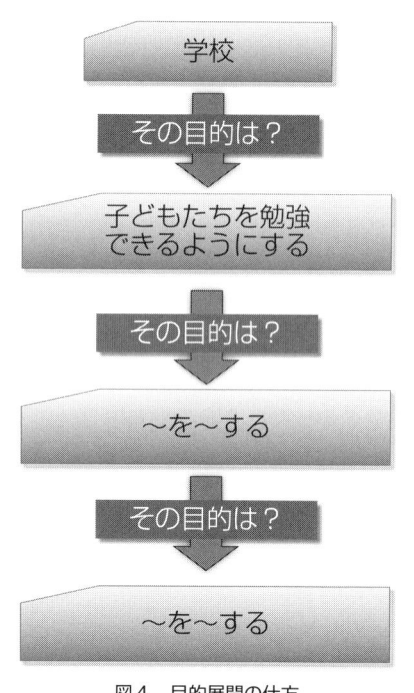

図4　目的展開の仕方

少し大きめの付箋を用意してほしい。
① 最初の付箋に,「学校」と記入する。
②「その目的は何か？」と自問自答していく。
③ 表現は,「〜を〜（に）する」で書く。文末が「〜（だ）から」にはしない。
　例：「勉強できないと社会に出て困るから」これは「目的」ではなく「理由」になる。
④ 最初は，難しいと感じるかもしれないが，何人かで集まって考えてみるのもよい。

　ある学校の研修で，学校の目的を考える研修会を行った。そのとき，頭を抱えながら一生懸命考えている教員がいた。「どうしたのですか？」と問うと，「『子どもたちを幸せにする』ここから先がないのです」と答えた。

　人間がつくったシステムの究極の目的は，すべて「人を幸せにするためである」。これは先述したワークデザインの根幹である。

(3) 先の先から見た「あるべき姿」を考える

　そこで，今一度，学校というシステムが「子どもたちを幸せにしているかどうか」考えてみてほしい。なりたい姿を描くことは，現状ではまだまだできていなくとも，「明るい未来」を信じ，モチベーションも継続する。

　デカルト思考的問題解決とは，現状維持的問題の解決策を探る思考法である。科学的・分析的アプローチといってもよい。調査・アセスメントから始まり，分析，問題把握，実施，確認という手続きで進む。

　一方，ブレイクスルー的課題解決とは，現状打破的な課題の解決策を探る思考法である。目的確認に始まり，あるべき姿を描き，解決策をシステム化し，実施，確認という手続きをとる（図5参照）。

(4) 必要情報（限定）収集の原則

　これまでの問題解決では，真実の実証や事実の探究を通してできるだけ多くの情報を収集することが問題解決のスタートであった。しかし，ブレイクスル

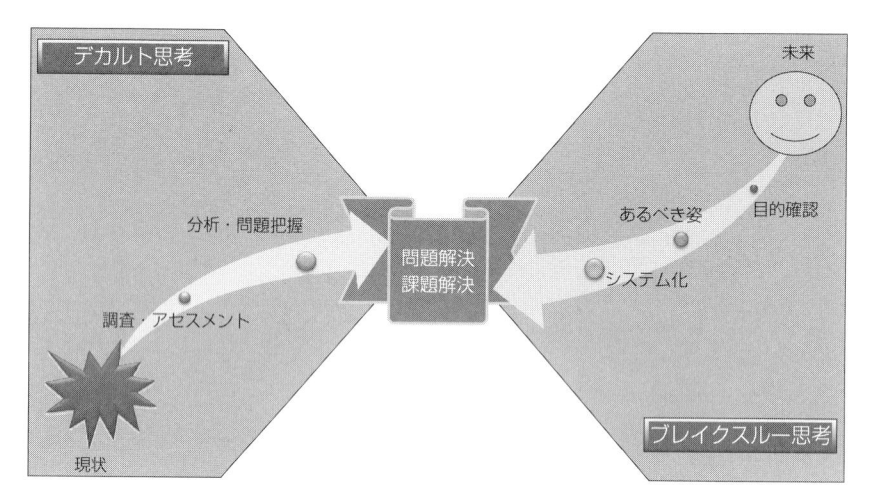

図5 デカルト思考とブレイクスルー思考による問題解決の方法

ー思考では「必要情報(限定)収集の原則」といって，情報は最小限度に抑える。

ブレイクスルー思考は目的の実現を目指すので，目的にかなった情報だけを集めて解決策にたどり着ければよいのである。

たくさんの情報は情報過多となり，また，知ろうとすることに時間と労力を要する。

(5) システム思考の原則

世の中には様々なシステムがあるし，システムという言葉もよく使われる。何かうまくいかないとき，「それはシステムが悪い」とか「生産性を上げるためには，システムを見直すべきだ」といわれる。しかし，会話や文章の中で「システム」と単語が使われるとき，その文脈で意味が多少異なるのではないだろうか。

ウィキペディアによると，システムとは「個相互に影響を及ぼしあう要素から構成される，まとまりや仕組みの全体。系。一般性の高い概念であるため，文脈に応じて系，体系，制度，方式，機構，組織といった多種の言葉に該当する」とある。学校を「システム」という視点で見てみると「学校は子どもたち

に影響を及ぼし合う，様々な要素から構成されるまとまりや仕組みの全体」ということができる。

　では，システムをそれが存在する目的から考えてみよう。考えられるシステムには，①「明確な目的をもって人間がつくったもの（例：電気製品，年金制度，など）」，②「人間がつくったものだが，そのシステムを使う人によって目的が異なるもの（例：ブランド品の鞄：本来，鞄はものをまとめて運びやすくするためのものであるが，ブランド品の鞄は，その機能以外のそれを所有する人が別の目的をもっている）」，③「人間の手によらず自然にできあがっているもの（目的が明確でないもの）」，がある。

　学校は①のシステムである。学校をつくりあげているそれぞれの構成要素が相互に影響しながら，全体として目標を達成していく営みを行っている。

　システム思考とは，ある目的のために，さまざまな要素を集め，どのように関係づけるかを考える思考である。学校で考えれば，先に示したように，学校

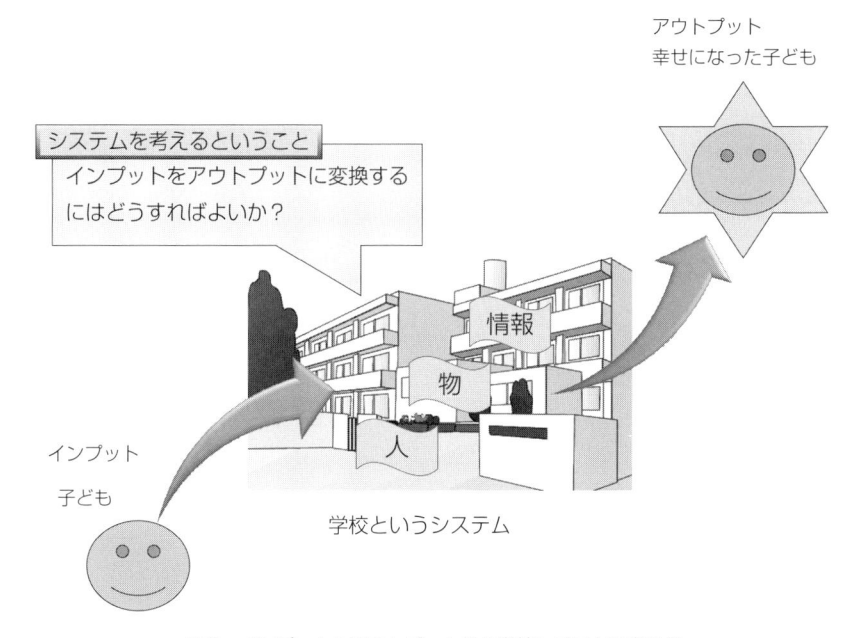

図6　インプットとアウトプットから学校システムを考える

が「子どもを幸せにするシステム」なら，インプットされた子どもが学校生活を送り卒業を迎えたときには「幸せになっている」はずである。そのために，学校にある資産や資源，「人」「物」「情報」を相互作用的にどう関係づけていくかを考えることがシステム思考である。

(6) 参画・巻き込みの原則

　学校では，「子どもたちに関する問題は○○○だ」という議論がよく行われる。しかし，「問題」は，誰にとっても「問題」とは限らない。ある教員にとって「問題」と思えても，他の教員とっては何でもないこともある。
　つまり，問題とは，「私的である」ということである。現在の状態を問題と感じる人にとってのみ存在する。
　このような問題認識の差は，それぞれの教員がもっている「知識や経験の差」や「あるべき姿の差」，「その事象に対する自分の関わりの自覚の差」や「その問題に関する自分の役割意識の差」から生じる。
　特に，教員にとっては「経験の差」が大きい。生徒指導困難校で，管理と指導によって学校を落ち着かせた経験のある教員が描く，学校の「あるべき姿」は想像に難くない。共通な問題がもともと"ある"のではない。個々の私的な問題が共通な問題に"なる"，あるいは共通な問題に"する"というプロセスを経ることなしには，共通の問題は存在しない。共通の「あるべき姿」を描くためにも，参画・巻き込みが必要である。
　また，問題に対する教員一人一人の関わりも重要な要素である。同じく問題とされたとしても，それを解決しようとするとは限らない。誰もが，それが自分が解決すべき問題だと受け止められるとは限らないということである。一人の教員が一生懸命努力していても，それを傍観している教員の存在はないとはいえない。
　しかし，その問題を，自分が解決すべき問題として，具体的に考え始めたり行動を起こし始めたりするとき，その「問題」は，その人にとって「課題」になる。学校を改革していくためには，これまで示したようにどんなすばらしい

解決策ができたとしても成果を出さなければ意味のないものになる。

また，どんなすばらしい解決策をつくりあげても，先に示したように，できない理由を考えるということは，やらない理由を考えることとなる。つまり，やらなくなる。

(7) 変革継続の原則

前述した「ノーチャイム運動」を例に考えてみよう。子どもの自主性をはぐくむためのノーチャイム運動も，それができれば子どもの自主性が担保できるわけではない。子どもの自主性をはぐくむためには，次のステップに進まなければならない。そうしないと，「ノーチャイム運動」を行うことが目的化する危機が訪れる。

また，現状がうまくいっている子どもたちに対して何もしないでおくと，「あたりまえ」「当然」と考えるようになり，思考停止状態に陥りやすい。

## 3．学校を創ろう

先の第4章では，学校改善の秘訣に，学校組織を「学習する組織」にすることの必要性を示した。しかし，どのように具体的に取り組めば「学習する組織」になるのであろうか。ここで，筆者の取り組みの一つを紹介する。

筆者は，教職大学院で実務家教員として教鞭をとっている。実務家教員の役割として文部科学省，専門職大学院ワーキンググループでは，「事例や事例知識等をコーディネートしていく役割とともに，理論と実践の架橋を体現する者として，研究的省察を行い，リードする役割が求められる」としている。

つまり，研究家教員が示した理論を学校現場の中で具体的に実践できる能力として，現職の将来のスクールリーダーである教職大学院生（以下，院生）たちに授業の中で指導・教育することが使命である。

院生たちは，自分の研究テーマをもち，実践研究に取り組んでいる。しかし，彼らが自分の研究テーマ以上の課題として共通して挙げていることは，「自分

の研究実践が管理職をはじめ教師に理解され，ともに課題解決に向けて学校組織を変えていくことができるか」ということである。この課題を解決するために，彼らに学校組織を「学習する組織」にしていく能力をつけることも，理論と実践の架橋を体現する実務家教員の役割の一つであると考える。

そこで，スクールリーダーとして必要な資質・能力の一つとしての「学習する組織」づくりを，教職大学院の授業をもとに示していく。

(1) スクールリーダーとして必要な資質・能力

学校現場の状況を直視するとき，根源的な課題は「継続性」にある。

その一つ目は，教育活動が組織的に対応されていないことによる「実践を継続できないこと」である。大野[1]は従来の学校の大きな弱みは，教職員間で地域や子どもの実態について課題意識がもたれていても，各自の教育活動は学級・教科ごとにバラバラに展開され，組織的に対応されることが少なかったと指摘している。佐古[2]は，学校の教育活動が個別教員に拡散し，それぞれが自己完結的に遂行することで存立している学校の組織状況を「個業型組織」，そのような傾向を「個業化」とよんでいる。佐古・葛上ら[3]は，小学校の学級崩壊に対する組織の対応を調査研究する中で，「力のある」教員の個業によって乗り切ってきた事実を示している。しかし，教員の移動や問題対応の複雑さから「力のある」教員をそろえることが難しくなり，継続が困難になることは想像に難くない。

二つ目は，教員の自校の目的把握状況とシステムとしての学校の機能への認識度が低いことにより「実践が形式的に継続さること」である。ある例を示す。子どもの自主性をはぐくむために「ノーチャイム」を実施している学校がある。当初は成果をあげていたが，現在では，教員が指示しなければ次の行動に移ることができない。そのため，教員は授業が始まるたびに指示している。まさに，教員が「チャイム代わり」になり，形骸化した「ノーチャイム」が継続している。中井[4]は，目的のための手段に没頭してしまって，「手段が目的化」して失敗してしまうことがあることを示唆している。

現在，学校の裁量権が拡大される一方，継続的改善を果たす責任が求められている。では，学校組織や教職員がどうなれば，健全で継続的な学校改善を可能にするのだろうか。近年の組織論では，個人が学習するように組織も学習するという認識がある。例えば，古川[5]は，組織学習を個人の学習と区別したうえで，組織がいったん独自の認知システム，価値観，思考様式，行動様式などを学習すると，成員の入れ替えやリーダーの交代があってもそれらのかなりの部分は継承されることを示唆している。この点から考えれば，「組織学習」ができる組織を「学習する組織」[6]としてとらえ，学校を学習する組織にすることで継続的な成果をあげることが可能になる。

　学習する組織とは，Senge[7]によれば，人々がたゆみなく能力を伸ばし，心から望む結果を実現しうる組織，革新的で発展的な思考パターンがはぐくまれる組織，共通の目標に向かって自由にはばたく組織，共同して学ぶ方法を絶えず学び続ける組織であり，そのディシプリン（構成要素）として「自己実現」「メンタルモデルの克服」「共有ビジョンの構築」「チーム学習」の四つ，とこれらを統合する「システム思考」の五つをもっているという。

　この五つのディシプリンについて，先述した古川が最善として示す「スパイラルなマルチループの組織学習」と対比し，その概念を明らかにする。「スパイラルなマルチループの組織学習」とは，最終的に目指す方向性が意識されたうえで，絶えず既存の価値観や規範を見直していこうとすることである。最終的に目指す方向性が意識されるということは，「共有ビジョン」をもつことであり，価値観や規範を見直すということは「メンタルモデルを克服」することである。当然ながら，組織学習は「チーム学習」が基本であり，その中でメンタルモデルを探求し，メンバーの目標や意図を合わせて行うプロセスとなる。両者に共通なのは，組織のメンバーを学習の主体として尊重し，すべてのメンバーが知識や技能を取得する＝「自己実現する」ことが動機となっていることである。

　「システム思考」とは，一つの概念の枠組みであり，外部環境も含めシステムを構成する部分の相互関連性に目を向け，全体のパターンを明らかにし，そ

れを有効に変えていくすべての人たちに把握させるために開発された知識とツールであり，組織を全体として理解するための多様な考え方や見方を合成する力である[8]。

ここで，本稿の中心課題であるスクールリーダーとシステム思考について検討してみる。浜田[10]は，学校改善に取り組んだ事例をもとに，学校改革の方向性が次第に確かなものとして定着していく過程では，管理職よりむしろ，教員集団内部におけるリーダーシップが変革の動きを助長するとし，学習する組織が成立するためには，教員集団内部における教員自身によるリーダーシップの働きが必要であるとしている。このことについて，Senge[9]が，学習する組織の五つのディシプリンがリーダーシップのディシプリンでもあるとしていることから考えれば，浜田のいうリーダーシップの要素として「システム思考」を挙げることができる。

また，Fullan[11]は，OECDの「未来の教育改革」プロジェクトを概観する中で，既存の知識で対応可能な「技術問題」と現行の知識では解決できない「適応課題」を対比し，教育現場の意思決定者は，未来を思考するだけでは不十分であり，現行システムを具体的かつ効果的に変革する方法を概念的に示すことも必要であると示唆した。そして，教育における未来の思考が真価を発揮できるのは適応課題に関してであるとし，「システム思考」は，実践的に役立つことが必要とされているだけではなく，実践志向のシステム思考者を育成しなければならないと示唆している。

(2) 方法

① 仮説と課題設定

本実践の仮説は，「学習する組織に必要な五つのディシプリンの必要性を体感させ，その省察により，システム思考を身につけることができる」ということである。そこで，「学校をつくる」という課題を設定した。設定の理由は以下の3点である。
○学校のもつ目的と方法を明らかにし，学校という複雑なシステムを，それを

構成する小さなシステム（校務分掌等）の因果関係や相互関係から考えることができる。
○小さなシステムが相互的に関連し合いながら駆動している学校全体のシステムを俯瞰しながら，どこに働きかけなければならないかを明らかにすることができる。
○教職大学院の授業を通して獲得した多種多様な知識や能力を昇華し，自ら統合，再構築して活用する実践的演習となる。

② 授業内容

　実践は，授業「学校カリキュラムの開発（15回）」で行った。対象者は院生37名，授業担当者は2名である。前半（1～8週）は，教員1名が「カリキュラムマネジメントの講義と実習」を行う。後半（9～15週）は，他の1名が「学校をつくるということ」と題した授業を通して，学習する組織の五つのディシプリンを体験させる。本稿はこの後半7回を対象とした。表3に授業計画を示す。

　授業計画について若干の説明を加える。

　9週目の内容は実際に学校をどのようにつくっていくかを具体的に示したものである。例えば，校訓・教育目標など目標に関わること，校務分掌など学校組織に関わること，指導計画・評価方法など学習指導に関わること，生徒指導に関わることなど，学校経営・運営に関わる細分化した小さいシステムが相互的に関わり合って学校という大きなシステムをつくっていることを理解させるためのものである。

　10週目の「顕在的カリキュラムと潜在的カリキュラムの違いを知る」では，顕在的カリキュラムだけでなく，その学校の校風や教室の雰囲気，教師や児童生徒を取り巻く人間関係，学校建築や学校施設などの物理的な環境等の潜在的なものが重要であることを説明するためのものである。また，演習「学校は何のためにあるか？」は，システム思考の一つである「機能（目的）展開法」によって学校の機能と目的を明らかにするものである。機能（目的）展開法とは，「それは何のために？」とか「何の目的で？」とか「その機能は？」と，繰り

返し問いかけ，本質的な目的を追求していこうとする思考方法である。これは，チーム学習での真理探究型の対話[16]を促進するものとなる。

　14週目は，授業終了後に院生たちが自分たちの活動を学習する組織の五つのディシプリンと対応させ，活動を「振り返り」「意味づけ」「価値づけ」させ，学習する組織になることの有効性を理解し，自己の変容を内省させるためのものである。授業者は机間指導，演習の進捗状況の把握，課題に対応した支援を行った。

表3　「学校をつくるということ」授業計画

| | | |
|---|---|---|
| 9週 | 内容 | 「学校をつくるということ」（講義，質疑，応答） |
| | 目標 | ○教科センター方式の中学校がどのような構想のもとで学校がつくられていったか知る。 |
| | | ○学校をつくるためには「目的」と「方法」を区別して考えることの重要性を知る。 |
| | | ○学校づくりはビジョンとミッションが必要であることを知る。 |
| | | ○迷ったら「何のために…」という目的に帰ることの重要性を知る。 |
| 10週 | 内容 | 「学校カリキュラムとは」（講義，質疑，応答） |
| | 目標 | ○顕在的カリキュラムと潜在的カリキュラムの違いについて知る。 |
| | | ○学校をよりよく経営していくためには潜在的カリキュラムがしっかり構築されていることを知る。 |
| | 内容 | ○「学校は何のためにあるか？」（演習） |
| | 目標 | ○システム思考：機能（目的）展開法によって学校の機能を探る。 |
| 11週 | 内容 | 学校をつくろう（演習Ⅰ） |
| | 目標 | ○チームに分かれて学校の目標を構想する　Ⅰ |
| 12週 | 内容 | 学校をつくろう（演習Ⅱ） |
| | 目標 | ○チームに分かれて学校の目標を構想する　Ⅱ |
| 13週 | 内容 | 学校をつくろう（演習Ⅲ） |
| | 目標 | ○チームごとに学校組織に従って担当組織のプランをつくる　Ⅰ |
| 14週 | 内容 | 学校をつくろう（演習Ⅳ） |
| | 目標 | ○チームごとに学校組織に従って担当組織のプランをつくる　Ⅱ |
| | 内容 | 「学習する組織」とは（講義，質疑，応答） |
| | 目標 | ○学習する組織となるための「五つのディシプリン」について知る。 |
| | | ○自分たちの活動を振り返る。 |
| | | ○自分たちにどんな力がついたか内省する。 |
| 15週 | 内容 | ○チームごとの学校づくりの構想発表 |
| | 目標 | ○各チームの発表について検討する。 |

### ③ チームづくり

　実践では，チーム学習を中心にすえたが，特にチームで取り組むことは強制しなかった。なぜなら，システム思考を身につけることが重要であり，チームで取り組まなくとも，指導教員との対話でチーム学習の目的が達成できると考えたからである。また，構成人数が異なっても可としたのは，学校の全体のシステムを構成しているそれより小さいシステムを個々につくることを成果物としたため，実践量や内容に差が生じないと考えたからである。表4に，チーム学習の構成を示す。

### ④ 演習の展開

　チームの学校づくりの構想がどのようにできあがってきたのかを，具体的に取り上げてみる。ここでは，幼小中高大一貫校を考えたチーム8を取り上げ，過程を追うことにする。このチームを取り上げる理由は，構成人数が12人と多く，出身地，校種，性別，経験年数などのキャリアに違いがあり，個々が感じている学校の課題も多様であるからである。そのため，最も共有ビジョンを描きにくい。その後，展開される小チームで取り組む小さいシステムづくりも全

表4 「学校をつくるということ」授業計画

| チーム | 理想とする学校 | 人数 | 校種 |
|---|---|---|---|
| 1 | 子どもたちが安心して生き生きと活動できる学校 | 4 | 小学校 |
| 2 | 未来に生きる子どもたちを育てる学校 | 4 | 幼小一貫校 |
| 3 | 一人一人が生き生きと自己実現に向けてともに学ぶ学校 | 3 | 特別支援学校 |
| 4 | 子どもが生き生きと生活できる学校 | 1 | 小学校 |
| 5 | 地域の中で安心してしっかり体験しっかり学ぶ学校 | 1 | 幼小中高大一貫校 |
| 6 | ともに育てる学校 | 1 | 小学校 |
| 7 | 人を大切にする「共生」人権学校 | 1 | 中学校 |
| 8 | 子どもたちが生き生きと成長（自己実現）できる学校 | 12 | 幼小中高大一貫校 |
| 9 | かかわりあい　認めあい　高めあえる学校 | 9 | 中学校 |
| 10 | 学びあい　支えあい　児童の瞳がきらきらと輝く学校 | 1 | 小学校 |

体のシステムに照らし合わせながら，同じ方向性をもつために常に調整し合わなければならない複雑さもあるからである。

　チーム8は当初，学校づくりの要素として「進路指導」「教科指導」「社会教育」「PTA」などの要素，いわゆる小さいシステムは明示されている。しかし，それらの手段を何のために機能させるのかという学校のビジョン（共有ビジョン）が欠落している（写真1，黒板中央の雲形の部分）。そこで，システム思考の一つである，「機能（目的）展開法」により，ビジョンを明確にすることを指示した（写真2）。その後，各自が「機能（目的）展開法」で行った学校のビジョンについて発表し合い，共有ビジョンとして「子どもたちが生き生きと成長（自己実現）できる学校」を設定した（写真3）。この共有ビジョンを設定できたことにより，その後，小チームで各担当部分の小さいシステムについて計画を始める。その過程において，自分のつくっているプランが，チーム全体で

写真1 　　　　　　　　　　　　　写真2

写真3 　　　　　　　　　　　　　写真4
「子どもたちが生き生きと成長（自己実現）できる学校」チームの演習の様子

共有しているビジョンに適合しているか常に小チーム間や個人間で調整を行った（写真4）。ある院生によると，「それぞれがパートに分かれて作業していても，お互いに情報交換しながら進める必要がある。別々に考えて進めていけばいいように見えても，常に共有ビジョンとのつながりを検討する必要があることを理解した」という。これは，「部分を統合して全体を見るシステム思考」を理解したと考えることができる。

⑤ 効果測定

本実践は，その効果を数値化するのではなく，院生たちの授業後のレポートから実証的に検証した。与えたテーマは，①「実践を通して感じたこと」，②「実践で学んだこと」，③「授業の省察」の3点である。

## (3) 結果と考察

① 成果物の例

各チームが全体構造図を作成したうえで，個別の担当分野の仕組みづくりに取り組んだ。ここでは，2例のみを提示する（次ページの図7参照）。

② 結果

院生のレポートを概観すると，学習する組織に必要な五つのディシプリンに関わる記述が多い。その記述部分を抽出し，以下に示す。

1）チーム学習

効果的なチーム学習のためには，ダイアローグとディスカッション[17]が補完的に行わなければならない。本実践において，院生たちが強く意識したのはチーム学習におけるダイアローグの有効性である。高間[18]は，MITのオットー・シャーマー氏へダイアローグが行われたかを確認するにはどうすればよいかについてインタビューしている。シャーマーはジャッジの必要はないとしたうえで，次の8つの参考点を示唆した（文中の①〜⑧はシャーマーの分類に対応している）。

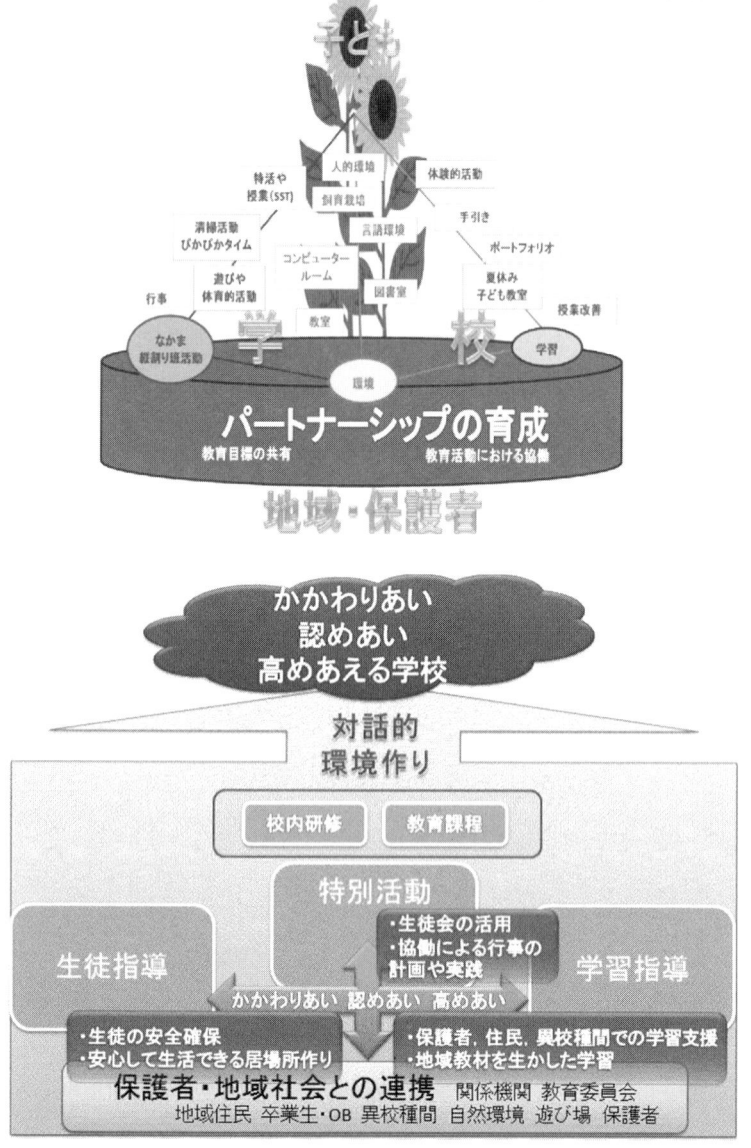

図7　学校のイメージ図

第6章　学校について考える

> ―ダイアローグが行われたか確認する八つの視点―
> ①自分の認識・見方が変わったか。
> ②自分が本当に共同で何かをつくったか。
> ③自分の本質・アイデンティティにより近づいたか。
> ④会話が双方向になっていたか。
> ⑤参加者一人一人が議題の設定に影響を与えることができるようになったか。
> ⑥アジェンダ（テーマ）の設定のプロセスが透明になっているか。
> ⑦お互いが自由に話し合えたか。
> ⑧お互いに経験をつくることができたか。

①「一人一人の思いに多少の違いはあれ，様々な地域や校種で現場経験を積んだ人と話す中に，たくさんの学びがあった」

②「何もないところから力を合わせて目標をつくりあげたときの喜びは大きかった」

③「どんな学校を理想として考えているのか，自問自答を繰り返し考えている中から，自分はやっぱり『子どもの笑顔が見たい』と思うようになった」

④「他の先生方の学校に対する考え方を知ることができた」

⑤「9人がそれぞれ考えた学校目標を出し合って一つにまとめるだけでも一苦労であったが，チームで学校を考えるうえで，この作業が最も大切だったのではないかと思う」

⑥「それぞれの部に分かれて，学校目標達成のための手立てを考え，再びみんなで集まって話し合ったときも，『学校目標』をみんなが念頭に置いて手立てを考えるなら，自然と納得できる形に集約されていくのだと思った」

⑦「チームで一つのことに取り組むことの楽しさや喜びも感じた」

⑧「12人もの人間が集まり，それぞれの分野で学校組織をつくっていったのだが，中心となることが明確になっていたから，自然と統一した学校組織ができあがっていた。中心となる目標をはっきりさせることは，本当に大切だと実感できた」

　ダイアローグには，「他者の存在の意識」[19]がなければ「開示によって学ぶ」ことも「お互いが自由に話し合える」こともない。上記の記述から「意志や感

情の伝え合い」や「人と人の関わりづくり」がチーム学習には必要条件であることを理解したと考える。

2）自己実現

自己実現とは，構成員として組織の中で，個人が人生を創造的な仕事として受け止め，絶え間なく自己の能力を押し広げようとする取り組みである。院生の省察によると，「重要なことは，一人一人が責任をもって自分の仕事をこなし，互いに確かめ合いながら作業をしていくこと」「学校の活動は，自分がつくりあげていくものだと思う。子どもの成長のために，自分たちにできる教育活動をつくりだし，実践につなげていくことはまさしく，今回の学校づくりの中でもっていた意識がないといけないと思う」「周りに頼り過ぎないことが自分の今後の課題である」「今までの流れに乗り，それに乗っていれば大丈夫という，知らぬ間に安易な考えの中にいた自分に気がついた」など，自己実現の重要性を認識した記述が見られる。

3）メンタルモデルの克服

学校改善が進まない要因に，「思い込み」「固定観念」「暗黙の前提」がある。これらの克服には，「内省」と「探求」「開示」が必要である。今回の学校づくりの中で，複式学級を積極的に学校運営に取り入れるという院生がいた。彼によれば，「複式学級の中で下学年の児童は，1学年上の授業を自然な形で聞くことが可能であり，飛び級的効果があること。上学年の児童は，無理なく復習ができる。そのような二つの学年が交流したら，内容がよくわかっている児童はよりわかりやすい説明ができるようになるだろうし，あまりわかっていない児童にとってはよりわかりやすい説明をたくさん聞くことができる」としている。また，別のチームは特別支援教育に「副籍」システムの導入を提案した。これは，特別支援学校に在籍する児童生徒が通常学校にも在籍しながら適切な指導を受けるというものである。このような発想に至ったのは，学校はこうあるべきだというメンタルモデルを克服し，弱みを強みにして学校を変える可能性を探ったからである。

ほかにも，「旧態依然のやり方に対して，大胆なアイデアを打ち出すことが

できて気持ちよかった」「発想を変えてみると，弱点も武器になるのではないかと思うようになった」など，院生の記述からメンタルモデルの克服が学校の課題解決のスタートであることを認識できたと考える。

4) 共有ビジョンの構築

　共有ビジョンは，メンバーが集団のビジョンを当事者意識としてもつことで共有できる。院生の「あることを行うことが子どもにとって，教員にとって，保護者にとってプラスになるということをお互いに実感できるようにする必要がある。つまり，よさの共有である」「学校というのは，子どものよりよい成長に対する，教員・保護者・地域の思いが結集されたものではないかと感じている。どんな子どもに育てたいのか，どんな教育をしたいのか，理念が大事であると感じた」「思いを共有できること。目標についてのメンバーの意見を聞いたとき，子どもを思う気持ち，こういう子になってほしいという願いはみんな同じである」という記述からは，共有ビジョンをもつ過程でのチームで行われる対話は，理想とする学校をつくるという目的を達成するための共創的対話[20]であった。

5) システム思考

　スクールリーダーにシステム思考が可能になれば，学校の現状をより明確に認識するようになる。院生の記述には，「学校を考えるときに，目標が大事ということである。どの部分もつながり合っており，中心に目標があるのだということがわかった。そして，学校というものを変えようとしたとき，どこかの部分を動かせば，全体が動くのだということもわかった」というものがある。これはシステム思考の「レバレッジポイント[21]」を探す思考そのものである。また，「多くの項目が出され，それははっきりとした区分がなく，項目どうしの関連が問題となった」「問題が起こるときには，局所的でなく，学校における活動それぞれに何らかの問題が生じている。今回の授業を現場に置き換えてみると感じる」という記述は，いくつかのシステムが因果関係をもちながら相互に関係し合って大きなシステムをつくっていることを理解したものと考えられる。

さらに，「『何をやるか』はあくまでもそのための方法であるということを学んだ」「改善していく取り組みもあちらこちらと拡散したり，局所的に行ったりするのではなく，取り組みの核を決め，その目的を絶えず振り返りながら改善を進めていくことが大切である」という記述は，システムを考えるときにその目標は何であったかを常に考えることの重要性が認識されたものと考える。また，「子どもたちには未来があるのだから，私たち教師が考えるべきなのは将来の納税者を育てるというマクロな視点の大事さを認識したうえで，一人一人の日々の質を少しでも上げること，人生を豊かにするための手助けをするというミクロな視点も忘れないことだと思う」という記述からは，俯瞰的に思考するシステム思考が理解されたものと考える。

〈註および引用文献〉
(1) 大野裕己「全職員でマネジメントに参加する」『悠＋』5月号，pp.22-23，ぎょうせい，2005年
(2) 佐古秀一「学校組織の個業化が教育活動に及ぼす影響とその変革方略に関する実証的研究：個業化，協働化，統制化の比較を通して」『鳴門教育大学研究紀要』第21巻，pp.41-54，2006年
(3) 佐古秀一，葛上秀文，芝山明義「「学級崩壊」に対する小学校の組織的対応に関する事例研究[1]」『鳴門教育大学研究紀要』第20巻，pp.37-49，2005年
(4) 中井孝『システム思考のすすめ』p.97，大学教育出版，2010年
(5) 古川久敬『構造こわし　組織改革のための心理学』pp.68-77，誠信書房，1990年
(6) 白石は『組織学習と学習する組織』でその両者の比較をまとめているが，本稿では組織が学習したことを活用する組織を学習する組織としてとらえた。白石弘幸「組織学習と学習する組織」『金沢大学経済論集』29(2)，pp.233-261，2009年
(7) Peter M.Senge（守部信之訳）『最強の書式の法則』pp.9-21，pp.84-169，徳間書店，1995年
(8) Peter M.Senge 他（柴田昌治監訳，牧野元三訳）『フィールドブック　学習する組織「五つの能力」』日本経済新聞出版社，2003年
(9) Peter M.Senge（守部信之訳）『最強の書式の法則』p.393，徳間書店，1995年
(10) 浜田博文「学習する組織（Learning organaizaition）としての学校の継続的改善過程の事例考察」学校組織開発に関する実証的研究　平成11～14年度科学研究費補助金基盤研究C(2)　最終報告書，pp.42-60
(11) Michel Fullan（立田慶裕監訳）「システム思考，システム思考者と持続可能性」OECD教育研究確信センター，『教育のシナリオ』pp.51-66，2006年
(12) 屋敷和佳　山口勝巳「国公立中学校における教科教室制の実施状況と校舎の利用実態・評価」『日本建築学会計画系論文集』第73巻634号，pp.2583-2590，2008年
(13) 藤原直子「教科教室型中学校の検証研究（教師）」『日本教育社会学会大会発表要旨集録』第57巻，pp.265-266，2005年
(14) 五百井清右衛門，黒須誠治，平野雅章『システム思考とシステム技術』pp.128-151，白桃書房，1997年
(15) 詳しくは www.maruokaminami-j.ed.jp/ を参照
(16) 多田孝志『共に創る対話力』p.24，教育出版，2009年
(17) Richard Ross（柴田昌治監訳）『学習する組織「五つの能力」』pp.343-345，日本経済新聞社，2003年

⒅　高間邦夫『学習する組織　現場に変化の種をまく』p.237，光文社書房，2005年
⒆　多田孝志「「国語表現」研究序説―ダイアローグ型話し言葉を基調として（特集 国語学・国語教育）」『解釈』45号，pp.51-57，1990年
⒇　多田孝志『共に創る対話力』pp.25-26，教育出版，2009年
㉑　枝廣淳子，小田理一郎『なぜあの人の解決策はいつもうまくいくのか』p.141，東洋経済新報社，2007年
㉒　徳島県教育委員会「盲学校・聾学校整備基本計画」2009年
㉓　篠原清昭「教職大学院の運営を省察する」岐阜大学教育学部　教師教育研究　第5号，2009年，pp.197-207
㉔　山﨑保寿「教職大学院におけるスクールリーダーの実践的指導力育成に関する考察」『静岡大学教育学部研究報告（人文・社会・自然科学編）』第60号，pp.133-142，2010年
㉕　浅野良一「カリキュラム経営に関する問題―FD委員会を軸にしたカリキュラム・授業の資質向上に向けた取り組み―」『日本教育経営学会紀要』第51号，pp.132-135，2009年
㉖　文部科学省「教職大学院設置計画履行状況等調査の結果等について（平成21年度）」，2010年

〈参考文献〉
ジェラルド・ナドラー（日比野省三，渡邉不二雄監訳）『新・ブレイクスルー思考―ニュー・コンセプトを創造する7つの原則』ダイヤモンド社，1997年
五百井清右衛門，黒須誠治，平野雅章『システム思考とシステム技術』，白桃書房，1997年
ワークデザイン　http://ipsj-is.jp/isdic/1215/
前田洋一　System thinking for qualifications and abilities as a school leader  Naruto University of Education　PROCEEDINGS OF THE FOURTH JAPAN-CHINA TEACHER EDUCATION CONFERENCE，pp.159-166
前田洋一「スクールリーダーのシステム思考育成に関する実証的研究　―教職大学院における実務家教員の役割と機能―」『鳴門教育大学研究紀要』第27巻，pp.131－140，2012年

（前田洋一）

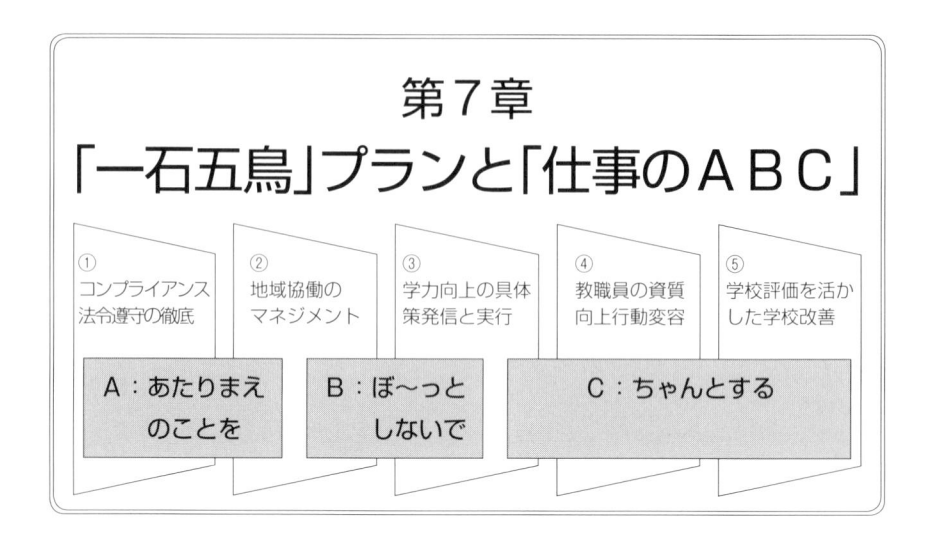

# 第7章
# 「一石五鳥」プランと「仕事のＡＢＣ」

① コンプライアンス 法令遵守の徹底
② 地域協働のマネジメント
③ 学力向上の具体策発信と実行
④ 教職員の資質向上行動変容
⑤ 学校評価を活かした学校改善

Ａ：あたりまえのことを　　Ｂ：ぼ～っとしないで　　Ｃ：ちゃんとする

　これからの学校づくりの目的は，子どもの未来が幸せであることを保障する成長保障と学力保障の両全である。それは，「地域と保護者と子どもの期待に応え，信頼を構築していく公教育の実現」でもある。このような目的のためには，以下の5点が重要であると筆者（善野）は考えている。
　①コンプライアンス（法令遵守）の徹底
　②地域協働のマネジメント
　③学力向上の具体策発信と実行
　④教職員の資質向上・行動変容
　⑤学校評価を活かした学校改善
　学校や教師を取り巻く社会的状況の一つとして，近年の矢つぎばやに実施されている学校教育に関する政策が挙げられる。上記の5項目は，いずれも最近よく聞いたり，文書で目にしたりする文言が羅列してあるように感じられるだろう。今でさえ，机上には多くの片づけるべき文書が山積しているのに「これらの重い五つの課題シートの解決策を提出せよ」といわれているようにも感じられるかもしれない。だからこそ，上記の5枚のシートを重ねて実行するという，「一石二鳥」ならぬ「一石五鳥」プランで実行し，実効あるものにしてい

くという考えである。

このことは,「仕事のＡＢＣ」という考え方に基づく（本書冒頭の図参照）。「仕事のＡＢＣ」とは,こういうことである（以下は,関西弁で読んでいただいて）。

> Ａ：あたりまえのことを
> Ｂ：ぼっ～としないで
> Ｃ：ちゃんとする

## 1.「Ａ：あたりまえのこと」「Ｂ：ぼ～っとしない」で,アンテナを高く上げる

(1) コンプライアンス（法令遵守）の徹底

まず,Ａ「あたり前のこと」とは,コンプライアンス（法令遵守）の徹底である。「わが校は,このように先取りして実施している」とアピールしていたことが,法規法令の改正により,あっという間に努力義務から義務化されていることも少なくない。また,他の職種よりも教職は高い倫理性が要求されている。例えば,不祥事についても教師によって生起した事例は,他の職種の人物が生起した事例と比して,より厳しく指弾され,教師全体に対するコンプライアンスの徹底が強く求められる。教師に対する社会からの評価はきわめて厳しく,教師を取り巻く社会的状況は,教師のモチベーションが低下する一方の様相を呈しているのである。別の視点から見れば,その分,学校・教師への期待度が常に高まっているともいえる。「先生はえらい」の時代から,先生の「仕事がえらい」となっているのではないか（関西弁で「えらい」は仕事がきついこと）。保護者の学校教育に対する「不安・不満・不信」が加速度的に増殖する今日だからこそ,そのような「不安・不満・不信」を「安心・満足・信頼」に変える力をもった学校づくりが重要なのである。

(2) 地域協働のマネジメント「打てば響く学校」と「打たれてへこむ学校」

　次の「B：ぼ～っとしないで」は，地域協働のマネジメントをすることである。社会のニーズや地域の要請，保護者の願いをとらえたうえで，学校が主体となった教育を推進していかねばならない。最初は「子どもが好き」だけで就いた教職であろうとも，その責任において，眼前の子どもがこれから向かう未来を見すえなければならない。まして，その子どもが地球市民として，また地域住民として，どう生きるかのグローバルとローカルな視点をも必要である。

　かつて，地域とともに協働してマネジメントする力は，管理職や「地域連携担当」等の分掌の役割と考えられていた。しかし，学校の構成員である教師個々人が敏感にアンテナを張り，情報収集し，情報発信していくことが重要となる。そして，現在，子どもがはぐくまれ，将来この子どもが貢献していく基盤となる地域とのマネジメント力が求められている。

　学校は，地域住民からいつも見られている，また守られている。近年の登・下校時の悲惨な子どもの事件や日常的な不審者対応などをうけて，子どもの登下校を安全に守るために協力していただく地域住民によって組織された防犯組織は近年あたりまえのようになってきた。「安全見守り隊」「安全パトロール隊」と呼称は様々である。しかし，このような学校の協力者であると思っていた人から，かかってくる電話がクレームであったりする。

　「この暑い中，立って子どもを守っているのに，子どもは挨拶ひとつしないではないか。いったい，学校はどんな教育をしているんだ！」

　ここで，すぐ謝ってはいけない。まず，お詫びではなく，お礼を申し上げる。「ありがとうございます。ご協力いただいているばかりか，こうしてわざわざお電話いただけるとは本当にありがたいことです。すぐにこちらからかけ直しますので，少し詳しく聞かせていただけませんか？」

　友だちどうしの携帯電話ではないので，学校にかけてくださる電話代も無料ではない。匿名ではなく，顔と名前が見える関係にしないで，その場しのぎの

お詫びに終わることが問題を広げていくことになる。

　初期対応と事実確認が適切な対応を生み，再発防止となり，新たな事象の未然防止となるのは「リスクマネジメント」の常道である。

　時間をかけて事実をよく聴き取ってみると，学校や家庭で子どもに防犯教育を徹底していることが「知らない人が話しかけてきても応答してはいけない。挨拶を自分からしない。挨拶が返せない」という習慣を子どもに根づかせていることがわかる。

　ここでの解決策は，「あいさつ運動」の強化ではない。解決策の一つめは，この方たちが「安全見守り隊」であると，どの子どもにもわかるようにさわやかな水色のジャンパーを全員に配付したことである。夏にはサウナ効果のあるような，あのジャンパーである。解決策の二つめは，教頭先生と地域連携担当者が，登下校の時刻に，自転車で校区を回ったことである。ほとんどの交差点に立ってくださっている「安全見守り隊」の地域住民へのお礼とあいさつ指導と安全パトロールの「一石三鳥」巡回でもある。

　安全パトロールとともに，次第に学校にかかってくる電話の内容が変化した。

　「先生，いつも二人組で帰ってくるあの子らが，ここ3日ほど，別々に帰っています。どうも気になるので，子どもの話を聞いてやってください」

　「今，1年生の子が，登校中に道でお漏らししました。このまま学校に行かせたら，他の子どもに何を言われるかわかりません。着替えさせてから学校に送っていきますから，心配しないでください」

　あるときは，「下校途中に，○年生の○○君が車と接触事故です。○○病院に連れて行きます。親の仕事先にも連絡しました。先生も○○病院に行ってあげてください」

　子どもの顔と名前が一致しているがゆえのすばやい対応に感謝である。

　このB小学校は，最初50人の「安全見守り隊」の登録者があった。ほとんどの学校では，実際の実働部隊は登録者の1割であるとされる。しかし，当該校では，3年間で10倍の500人の「安全見守り隊」の登録者に増加した。かかってくる電話の内容が変化しただけではなかった。「学校通信」を隅々まで読ん

でおられる。HPをしっかり見ておられる。

　あるとき，学校の航空写真を撮るという行事予定をご覧になったらしく，招いてもいないのに，水色ジャンパーの「安全見守り隊」が学校に大挙して来られた。すでに運動場いっぱいに，全校生徒によって学校名の人文字を書き終えていた。教頭先生はかなりあわてた。しかし，とっさの機転を利かせて，「安全見守り隊」のみなさんには，人文字の下に１列横隊に並んでいただいた。かくして，水色のアンダーラインがくっきりと写し出されたみごとな航空写真が完成した。

　もちろん，「安全見守り隊」にも航空写真は配付された。後日，自治会館において地域連携協議会の会議が開催された。例の航空写真は拡大され，立派な額に納められて掲げられていた。

　ある方は「先生，ここに写っているのが，ワシですねん」とにこやかに指さされる。ようく見ても，ほとんど誰だかわからない。しかし，学校に関わっていることを誇らしげに語られた。

　当該校は，年度当初の「学校評価説明会」と年度末の「学校評価結果報告会」をセットで実施している。ある年の２月の第１日曜日。参観授業と「学校評価結果報告会」が行われた。筆者はその講師として招聘され，壇上に立って驚いた。寒い体育館のフロア三分の一を水色ジャンパーが占めていたからである。

　そして，あとの三分の一が保護者，あとの三分の一が教職員である。地域住民アンケートに答えていただいた約500人がそこにいる。「われわれの意見はどう届いたのか」「学校はどう受け止め，何を改善しようとするのか」，地域の願いや要請を「ぼーっとしないで」受け止める機会である。それを見届けるべく，学校を参観し，学校行事等に参加し，学校教育に参画していく地域住民の姿があった。力と夢を育てる学校における「地域協働のマネジメント」を垣間見た。まさに，「打てば響く学校」と「打たれてへこむ学校」の分岐点はここにある。

　学校が「地域の声を聞く」「地域の声に応える」は，言い古されたフレーズである。しかし，実際に「地域の声を聞く」「地域の声に応える」システムを

機能させている学校はどれほどあるだろうか。「地域の人材活用」という, ある意味, 学校が上から目線のおごった表現で, ボランティアティーチャーの登録者名簿を増やした「開かれた学校」は多くある。しかし, 残念なことに, 「地域の先生」に授業を丸投げで依頼した学校は, 実際に「地域の声を聞く」「地域の声に応える」システムは機能しなかった。

「互恵性」「継続性」「発展性」というのは, 「地域協働のマネジメント」の中で機能し, コミュニケーションツールとしての学校評価に位置づく。「地域の声を聞いて, 応える」というのは, 学校を知る機会と学校の問題点を同時に考えて, 「子どもの未来のために, 自分には何ができるか」という解決策を提示し合うことにほかならない。傾聴する姿勢が地域住民への「的確な問いかけ」を生み出す。そして, 双方向に円滑な意見交換が始まり, 繰り返されることによって意見が集約される, そのような学校が地域や家庭に向けた論理的かつ明瞭な学校から主張として届くのである。

これは, 第1章で筆者が述べたことに関連する。繰り返しになるが, 一点目に「コミュニケーション能力を高める学校づくり」, つまり「学校には伝えたいことがある」という自覚があるということ。二点目に「コラボレーション能

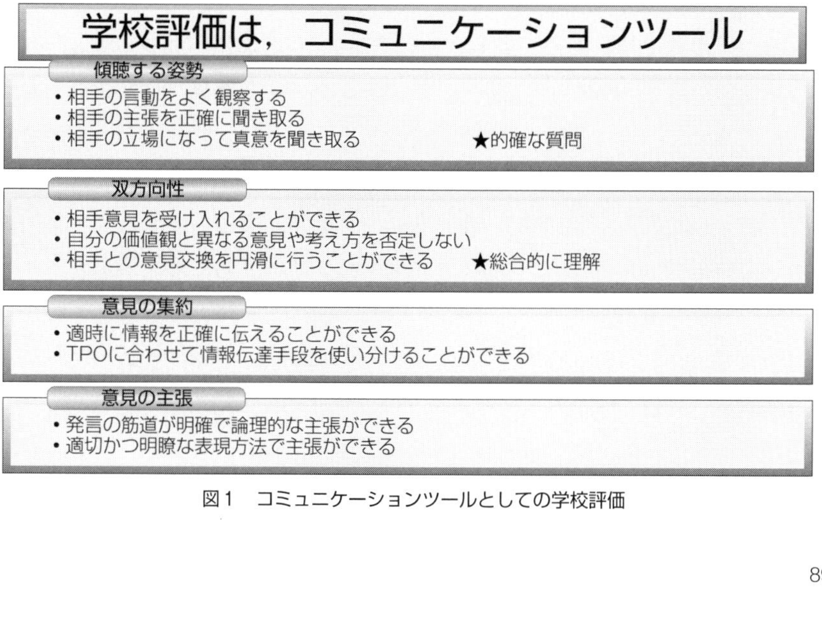

## 学校評価は, コミュニケーションツール

**傾聴する姿勢**
- 相手の言動をよく観察する
- 相手の主張を正確に聞き取る
- 相手の立場になって真意を聞き取る　　★的確な質問

**双方向性**
- 相手意見を受け入れることができる
- 自分の価値観と異なる意見や考え方を否定しない
- 相手との意見交換を円滑に行うことができる　　★総合的に理解

**意見の集約**
- 適時に情報を正確に伝えることができる
- TPOに合わせて情報伝達手段を使い分けることができる

**意見の主張**
- 発言の筋道が明確で論理的な主張ができる
- 適切かつ明瞭な表現方法で主張ができる

図1　コミュニケーションツールとしての学校評価

力を高める学校づくり」，つまり「学校に関わる人のアイディアは話し合ってよくなる」という経験をたくさん積むこと。三点目に「イノベーション能力を高める学校づくり」，つまり「意見の違いを統合して高みにのぼる」実感を自分のものにすることである。このような「地域協働のマネジメント」を継続させながら，次の「C：ちゃんとする」につながるのである。

## 2．「C：ちゃんとする」ための，三つのシコウ（「志向」「思考」「施行」）

　最後の「C：ちゃんとする」というのはどういうことか。それは，前掲の③学力向上の具体策発信と実行，④教職員の資質向上・行動変容，⑤学校評価を活かした学校改善のことである（p.84の図参照）。これらを「C：ちゃんとする」ためには，部分解決や個別の課題解決では対応できない。第3章で前田が指摘した『デカルト思考』の問題点である。デカルト思考とは，「万物はばらばらにできる」「全体は部分の総和である」「部分を解決すれば全体の問題を解決できる」というものであり，問題の解決にあたって，全体を部分・要素に分解して，分析する思考である。解決を図っていくため，部分的な解決策は得られる」のであり，前田は「しかし，部分の問題を解決しても，全体の問題が解決するわけではない」としている。この考えに照らしてみても，「学力向上の具体策発信と実行，教職員の資質向上・行動変容，学校評価を活かした学校改善」を関連づけ，同時進行で取り組む多面的な「志向」「思考」「試行」が必要なのである。

　「志向」とは，心がある目的に向かうことである。学校としてのテーマの発見をして目的に向かうことである。「思考」は，そのために考えること。そして，その考えを共有すること。そのうえで「施行」，実際にできることからやっていくことが三つのシコウ（「志向」「思考」「施行」）である。以下にその詳細を述べていきたい。

第7章 「一石五鳥」プランと「仕事のＡＢＣ」

(1) 学力向上と教師の力量形成

　学力向上の具体策発信と実行については，2007年から始まった全国学力テストの結果に全国各地の教育関係者は一喜一憂している。全国どの地域でも，学力向上策を挙げない自治体および学校は存在しないであろう。その根拠は，改正教育基本法において教育の目標等が定められ，学校教育法の一部改正において，「生きる力」を支える「確かな学力」「豊かな心」「健やかな体」の調和を重視するとともに，①基礎的・基本的な知識・技能を習得させること，②知識・技能を活用して課題を解決するために必要な思考力・判断力・表現力等をはぐくむこと，③主体的に学習に取り組む態度を養うこと（第30条第２項）が特に重要であると明記されたことである。

　このような法律上の根拠をもって示される「学力」の向上を目指すために，教育活動改善に向けた学校づくりへの新たな取り組みが必要である。

　なぜ「学力」が必要であり（Why），どのような「学力」（What）を未来を担う子どものためにつけるのか，どのようにして（How）つけるのか，学校として共有したものを教師だけがわかっているのでなく，子ども自身にも保護者にも「見える」ものから「見せる」ことに転換していかねばならない。そこで，グローバル社会時代の子どもに育成する資質能力について，「力と夢を育てる学校づくり」の視点から考えていくことにしたい。

　人材は国家発展の礎であり，教育に資することは，未来への投資である。税金を投入して行われる教育には，国民のこれまで以上の期待が寄せられる。学校の使命は，教育の成果（アウトプット）の保証である。換言すれば，グローバル社会時代に対応した資質能力を子どもたちに育成し，社会に役立つ人材を育成することにほかならない。

　では，「グローバル社会時代に対応した資質能力」とはどのようなものであろうか。いわゆる遠山プランの「骨太の方針2006」において，「グローバル化した経済成長の源泉は，労働力人口でなく，『知識・知恵』である」と明示された。また，PISAが調査した「主要能力（キー・コンピテンシー）」は，従来の

学力を含む能力観に加えて、その前提となる動機づけから、能力を得た結果がどれだけの成果や行動につながっているかを客観的に測定できることが重要との視点から生まれたものである。言葉や道具を行動や成果に活用できる力（コンピテンス）の複合体として、人が生きる鍵となる力である。グローバル社会に求められる教育の成果とは、このような能力をつけるということである。今こそ、学校が子どもにはぐくむべき資質や能力について、再考しながら教育活動を行う必要がある。

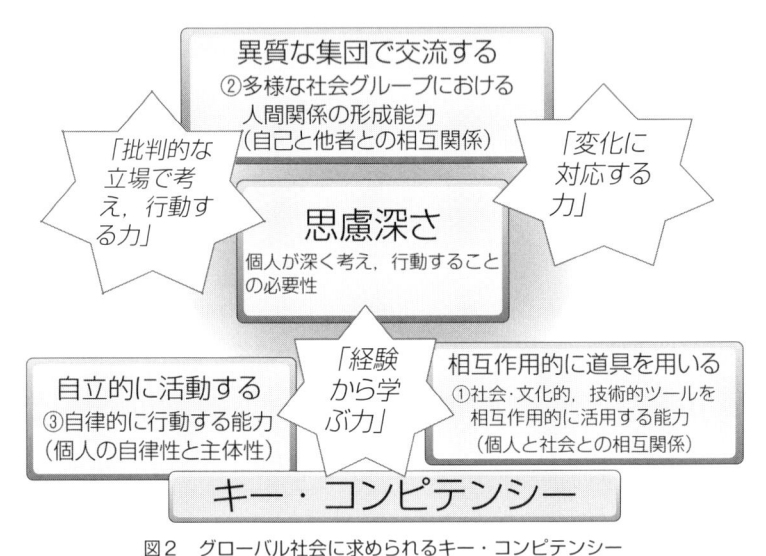

図2　グローバル社会に求められるキー・コンピテンシー

学校には継続的に改善に取り組み、成果を上げることが求められている。その成果を生み出す大きな要素は人的環境である教師の力量形成である。

「教師の専門性」イメージの転換が論じられて久しい。教師像として、技術熟達者モデル（technical expert）から反省的実践家モデル（reflective practitioner）への転換である。佐藤学氏（1994）によれば、「技術的熟達者」とは、科学的知識・技術を現実の課題に適用することに長けた者のイメージである。この場合には、現実的実践に汎用可能な原理・技術の存在が前提とされる。

一方、「反省的実践家」では、先験的に汎用可能な知識・技術は想定されず、

不確実で複雑な状況の理解と変化への即興的な実践，すなわち「行為の中の省察」が求められる。

　さらなる実践的指導力を高めるため，実践の構造化や臨床的な実証研究の構築が必要である。専門職たる教師は，採用当初から中堅教員と同等の責任とともに資質能力が求められる。その後，仕事を通じたOJT（On the Job Training）や自己啓発（Self Development）によって育成されていく。それは，実践的経験による業務遂行における応用力の習得である。

　また，「教師の専門性」の「向上システム」の発想としては，教師個人の成長を目指す「教師個人モデル」から「学校教育改善モデル」への転換（今津孝次郎，1996）として論じられる。

　「教師個人モデル」においては，自己完結型の教職観による「個別的裁量性」「不確定性」が個々の教師の前提とされる。つまり，教師個々人の成長に依拠するものである。そうして，「力のある教師」が，いわゆる「学級王国」を生み出したり，「スーパーティーチャー」と賞賛されたりすることがある。しかし，翌年，担任が代わったりすると，その「力のある教師」の学級であった保護者は，他の教師に対してのクレーマーとなることがある。その際の保護者の言葉は「昨年の先生は〜してくれたのに」「これまでは，〜だったのに」というような，前年までの差異や比較による「不安・不満・不信」増幅への大合唱が始まる。そうなると，教師は問題の抱えこみによる「学級崩壊」など，孤立に陥りがちである。実際，多忙化等の新たな状況が進行し，学校現場には教師個々人の対応だけでは困難な事柄も多い。例えば，「モンスターペアレント」とよばれている保護者からの「イチャモン（無理難題要求）」（小野田正利2006，2008）である。これは，「家庭や地域の教育力の低下」といわれる事態に対処するための，学校による家庭や地域社会の代替としての生活指導等の抱えこみである。どこの学校にも「モンスターペアレント」まではいかなくても，「ポケモン」くらいは存在するとさえいえる。そのうえ，学校事務の増加や情報化等による変化も個々の教師が担当している。このような状況の中で多くの教師は疲弊しているといわれ，健康上の問題も大きい。精神的疾患の増加や勤務の

過酷さ，多忙な業務による「バーンアウト」の問題（大阪教育文化センター・教師の多忙化調査研究会編，1996）等にあらわれている。

これに対して，学校教育改善では「協働性モデル」が前提とされる。これは，教師個々人の成長に依拠するものではなく，学校を基盤とした教職員集団による専門性の向上を目指すものである。相互成長の機会としての「同僚性」と，学校内外の多様な教育資源の活用によるものである。この場合には，機会として「校内研修」が大きな意味をもつ。そこで，根本的な見直しが必要となるのは，従来の「校内研修」のあり方である。

そこで，力と夢を育てる学校づくりに向けた「校内研修」の進め方の一例を示しておきたい。

(2) 「慰めと言い訳の授業反省会」からの脱却
　〜夢と力を育てる学校づくりに向けた「校内研修」〜

「校内研修」は，相互成長を促す場である。「同僚性」に基づく教師の集団として必要な内容や方法に関する検討が必要となる。しかし，多くの学校では，こうした検討課題よりも，年間の校内研修の回数の増減をどうするか，教科は何にするか，どの学年が公開授業をするか，誰が研究授業をするか等に検討時間を要していることも散見される。

筆者は，校内・校外の研修会講師として招聘された経験は少なくない。記憶をたどれば，平成元年，現職教員の時代から始まり，教頭時代も理解ある校長のもと，その任を果たす機会を多く得てきた。その後，教育研修機関の主任指導主事として，また，大学教員としての立場から，恐らく500回は超える講師を務めてきたことになる。このような経験からいえば，以下のような内容の順序で予定されており，記載するような実態が，その多くを占めていた。

①授業者の反省：「大変緊張した」「子どもたちもいつもなら……」「時間があれば〜する予定であった」「勉強するいい機会をいただいた」
②授業担当学年からの経緯報告：「毎日夜遅くまで，取り組んだ」「子どもの実態は年々課題が多くなり……」

③本時までの指導および指導案に対する質問
④本時までの指導および指導案に対する意見
⑤意見が出にくいときは，学年で話し合って意見交換
⑥協議で残された課題を含めて，講師から指導助言
⑦講師へのお礼

　特に，研修成果としてまとめられる内容には，「明日から使える方法論」に深い頷きと指示が得られることが多い。中には，学校教育目標や研究テーマ，本時の目標にすら言及しない場合さえある。目標達成のための改善や新たな知見や根本的な研修体制の見直しにふれることなく，閉会を迎えそうな場面に出くわすこともある。

　このような授業反省会のあり方では，先の実践的指導力を高めることを目的とした，実践の構造化や臨床的な実証研究の構築につながり難い。

　学校を基盤とした教職員集団による専門性の向上を目指している「研修」の設定であるが，相互成長の機会としての「同僚性」と，学校内外の多様な教育資源の活用について検討されることもあまり見られない。

　授業後の感想を意見交換すると，「自由に授業後の感想を」「どの点からでもご意見を忌憚なく」等という司会進行のもと，多くの意見を促すようでいて，何のための改善を検討する研修会か，行き先を見失っていたりもする。それに対して，「指導者のお人柄がよく出た授業で……」などと，教師の人格や性格判断に及び，次回の授業改善への連続性はほとんど見られないコメントとなる。明日からの人間関係を考えると対立した意見を理論的に述べ合うことを避ける文化である。貴重な研修の時間が「慰めと言い訳の反省会」で終わってしまうのではないかという危惧。そのような進行の匂いをかぎ取った瞬間に「初めの進行から，講師に任せていただく」ことをその場で申し出ることにしている。

　そこで，筆者は次の２点の研修会のあり方を提案している。その手順と方法を以下に示した。

①**協議会進行の手順**
1) 授業後すぐに，参加人数によって１グループ６〜８人程度のグループに分か

れる。
2) 授業者の反省の弁も，学年集団や教科担当者のこれまでの経緯はあえて聞かない。
3) 各グループに配付された1枚の模造紙（全紙二分の一の横置き）の中心に「目標」を書く。「目標」は，これを達成するために協議することを明確にするため，必ず記載する。あるいは事前に貼っておく。また，目標を意識するために上記の3点を全て表記しておくのもよいだろう。（目標がつながっていないことが明確になることも研修効果である。）
4) 全員（授業者を含めて）に4色のカラー付箋紙を各色3枚程度配付する。
5) 4色のカラー付箋紙に以下の内容を，1枚の付箋紙に1つの事項を各自が記述し，マトリクスに分割されたゾーンに貼付する。

◆よさ（＋）（継続することが適切なこと）
　：目標に対応した子どものよさ（水色付箋紙）
　：目標に対応した教師のよさ（緑色付箋紙）
◆課題（－）（改善することが必要なこと）
　：目標に対応した子どもの課題（桃色付箋紙）
　：目標に対応した教師の課題（黄色付箋紙）

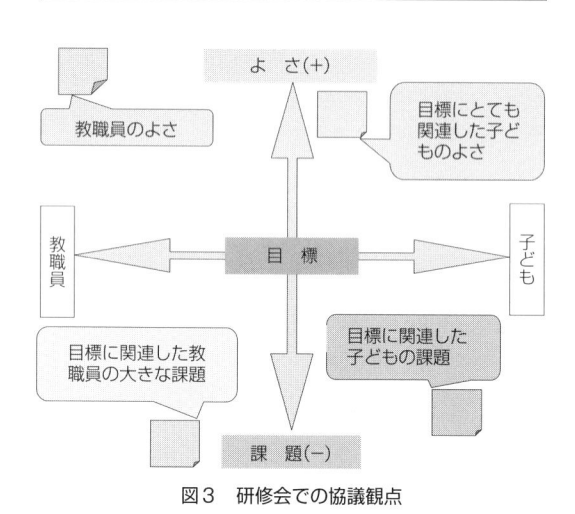

図3　研修会での協議観点

第7章 「一石五鳥」プランと「仕事のABC」

次の写真1は，実際の研修の一例である。

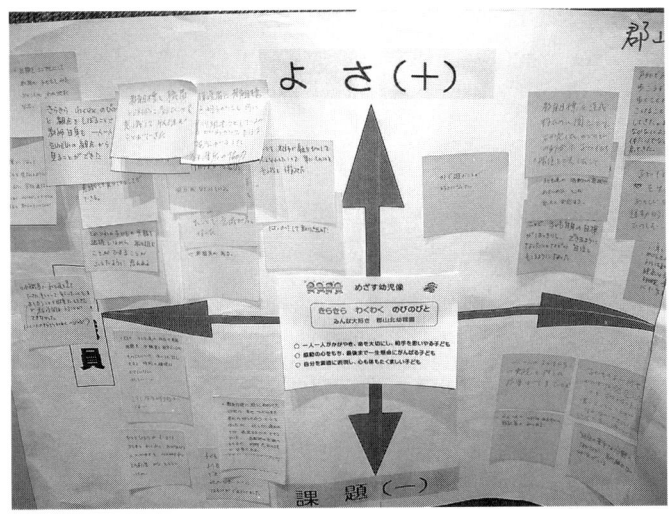

写真1

この後，各グループで取り組みの優先順位を検討する。「効果が大きく，着手が容易なこと」を優先して，協議する。以下の図にカラー付箋紙を移し替えて，確認する。

**優先順位決定**

図4　協議の優先順位を考えるためのフォーマット

97

先の模造紙の横に並べて，壁面掲示し各グループの代表が順に発表する（写真2は一例）。

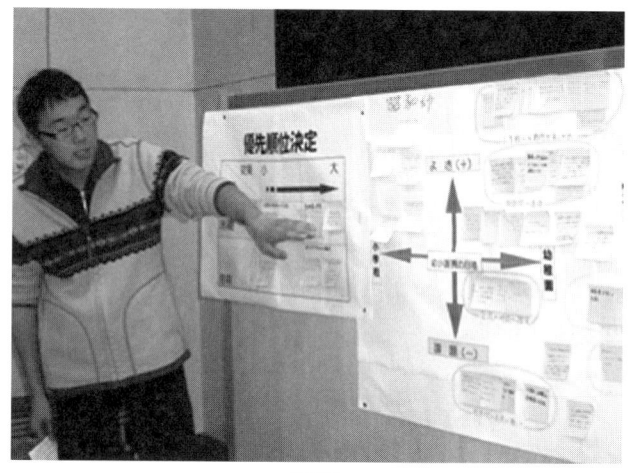

写真2

(3) 学校づくりの基軸となる学校評価
　　～教育情報の可視化とアーカイブ化～

　「本校は，学力向上の具体策発信にすでに取り組んでいる」「教員の資質向上策を実施している」と誇らしく語る学校に対して，「何のために？」とその目的を問うと，明確な答えが返ってこない場合がよくある。前田は，第3章で「何のためか？」を考える思考法（ブレイクスルー思考）で学校をつくることについて論じている。「われわれがやりたいことは何か，実現したい目的は何か，ということをつきつめて検討し，最適な目的を決定していく」ことである。冒頭にも述べたように，筆者が考える学校づくりの目的は，未来に生きる子どもの幸せのための成長保障・学力保障である。子ども自身にとっては，「明日も行きたい学校づくり」であり，そのことに関わる人々によって「力と夢を育てる学校づくり」をすることである。本来の目的，より上位の本質的な目的を実現するための方法が，これまで筆者が述べた5点である（図5）。

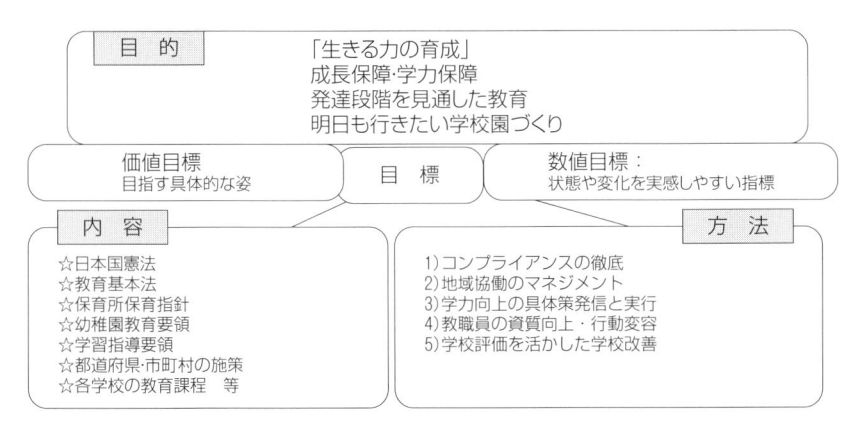

第7章 「一石五鳥」プランと「仕事のＡＢＣ」

図5　成長保障・学力保障を目的とした五つの方法

しかし，達成すべき目標が飾られていては意味がない。常に「見える」から「見せる」工夫が必要である。また，目標達成に向けた方法の取り組みを可視化し，アーカイブ化することも必要である。アーカイブ（archive）とは，「記録や資料などをひとまとめにして保存すること」である。年度ごとや項目ごとの引き出しをあければ，いつでも取り出せるよう整理しておくことが活用可能な要件である。そのためには，データを一元化し教育目標とリンクした学校教育情報を公開することである。その大まかな項目は以下の図6のように示しておく。

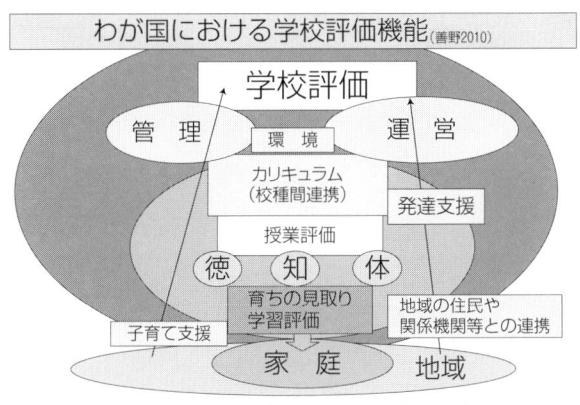

図6　学校評価機能とその項目　（善野2010）

99

真に評価能力をもった外部評価者が理解者となり，協力者，支援者の役割を果たすシステムを機能させたい。適切な助言を得るための制度が，情報公開・説明責任の不十分さによって，納税者からの監視の強化やクレーマーを増大させることになってはならない。では，学校評価に必要な要件である「学校から保護者・地域に向けた発信」は，どのようにすればいいのだろうか。まず，その発信の内容である。これまで学校がその成果として示す目に見えてわかる指標は，進学実績，学校規模や設備，立地条件といったものである。また，学習指導要領の焼き直しのような教育目標や行事の紹介で終わっている例も散見される。しかし，教育目標が真の教育目標となるためには，子どもを取り巻く人々が実際に意見を交わし合ったうえで，合意形成することが必要不可欠である。

　以下に示す図は，前田（2011）「幼児期と小学校教育の接続カリキュラムの開発」p.51に善野が加筆（2011）したものである。

　読者のみなさんは，図7に，目ざす子ども像を即座に記入できるだろうか。また，目指す子ども像を実現するための目標が設定できているだろうか。目ざす子ども像を記入でき，目標が設定できれば，次に以下の図8の知・徳・体を

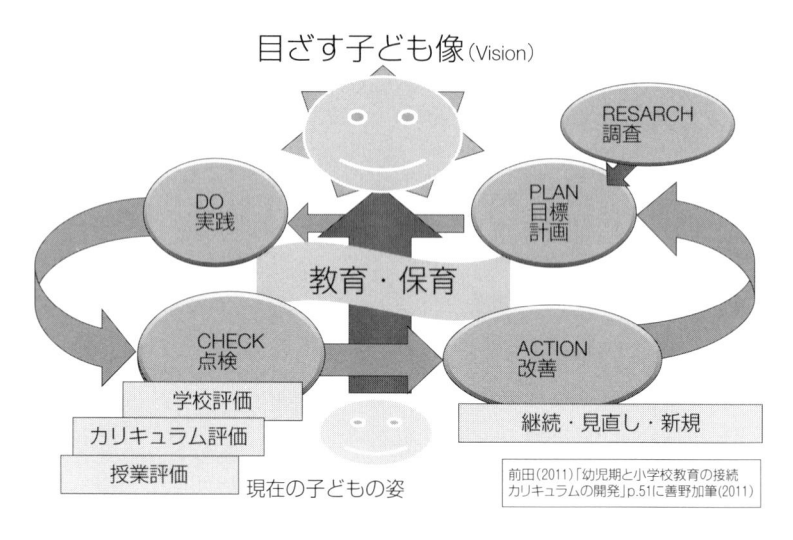

図7

第7章 「一石五鳥」プランと「仕事のＡＢＣ」

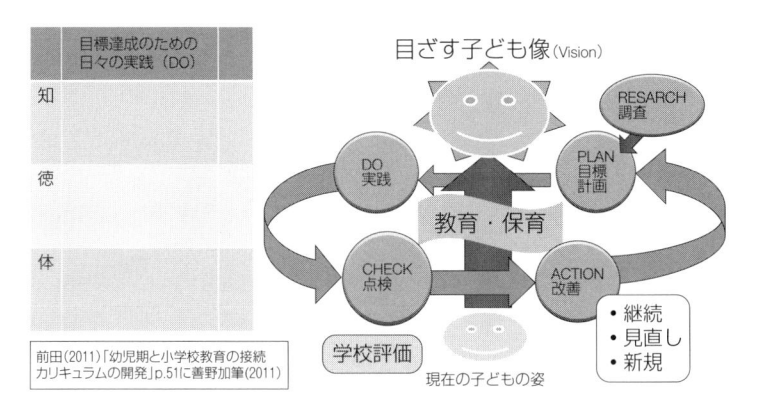

図8

育成するための実践項目を書き込んでみてはどうだろうか。

このような作業を通して，子どもに力と夢を育てるための特色ある取り組みや子どもに関わる誰もが大切にして徹底していく実践項目を学校組織として共有することも可能である。

筆者は，ある研修会で参加者に教育目標を問いかけた。100人以上の参加者の中で，たった一人挙手した先生が，「本校の教育目標は，『わくわく，はきはき，ほのほの』と，今年から改めました」と，答えられた。

筆者は，講師として次のように返した。

「今，初めて聞いた学校教育目標ですが，教育目標の意味を解釈して言ってみますよ。『わくわく』は，子どもたちにわくわくした価値ある体験をさせる学校。『はきはき』は，コミュニケーション能力，そしてプレゼンテーション能力をもって，いつでも，どこでも，誰にでも，自分の考えがはっきり言える子どもに育てます。『ほのぼの』は，明日も行きたい学校づくり。子ども一人一人の居場所がある，そんな学校づくりを目ざしているのですか」という言葉に，にこやかに首肯された。時間をかけて説明せずとも，教育目標を見たり聞いたりして即座に，地域の方も保護者も誰が聞いても，「あー，こういう子どもを育てようという学校だ」とわかることが大切である。

保護者も地域住民も授業参観に来られて，感じられるだろう。「われわれの

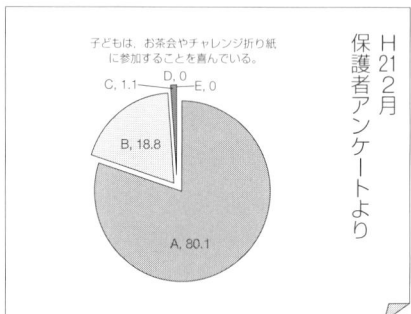

写真3　学校評価と学校情報内容
学校教育活動への理解と支援を得る学校広報活動（例：学校の特色「伝統文化」・「食育」）

写真4　「見せる」工夫がされた教育目標

第7章 「一石五鳥」プランと「仕事のABC」

写真5　日常的に「見える」から「見せる」工夫がされた教育目標とそれに対応した取り組み

"目ざしている教育がよくわかりますね"
"小学校との「わ」ですね"
"幼稚園と小学校の教育がつながっていますね"
　　　　　　　　　　　　評議員

"写真と文章で知らせてもらい教育活動の様子がとてもよくわかります"
　　　　　　　　　　　　保護者

写真6　目標達成に向けた方法の取り組みを可視化する

103

時代には未体験の未来への力に向けた『わくわく』する授業がつくられている。子どもは去年までと違う，みんなの前で『はきはき』と，自信をもって発言できるようになった。幼稚園のときから課題があったあのゲンちゃんは，『ほのぼの』とした学級の中で育っている」と見られたら，どうだろう。「わくわく，はきはき，ほのぼの」を目標に，授業の中でこのように取り組まれているのだと参観授業を通して評価できる。目標に対応した指導があって，評価がある。目標は看板に掲げるだけのものではない。目標は夢を形にするためのものである。

　HPや日常の学校環境に示している例を以下に提示してみる。

(4)　育ちの連続を見通した学校評価

　志水宏吉（2009）が，示したように，「学校の力」は「家庭の力」や「地域の力」と組み合わさってこそ，その効力を発揮しうる。これは，おそらく教師のほとんどが経験知として実感している。逆説的に表現すれば，学校は「子どもが悪い，家庭に問題がある。そんな地域環境だから仕方がない」という防衛的思考に陥りがちであるともいえるだろう。だからこそ，「家庭の力」や「地域の力」に「学校の力」を有効に継続的に未来に向かって働きかけていこうとするべきである。家庭の力を凌駕する「学校の力」ではなく，「家庭の力」に働きかける「学校の力」ととらえたい。

　これまでの論を整理すると，右ページの図のようになる。

　図から見てみると，かけがえのない命をいただいた受胎に始まり，自立した社会の一員になる過程の育ちの連続の途上において，ご縁あって，たまたまその発達の時期に出会わせていただいた。だからこそ，たまたまその発達の時期に出会わせていただいた責任がある。例えば，2年生の担任教師であるならば，子どもは1年生で何を経験し，学習してきたのか。そして3年生になれば，何を学び，どのような経験が想定されるのか。左右の両手をしっかり確認してつなぎ，発達を見通した接続が学校教育である。

　また，もう少し長いスパンで見ることが，校種間連携である。小学校の教師

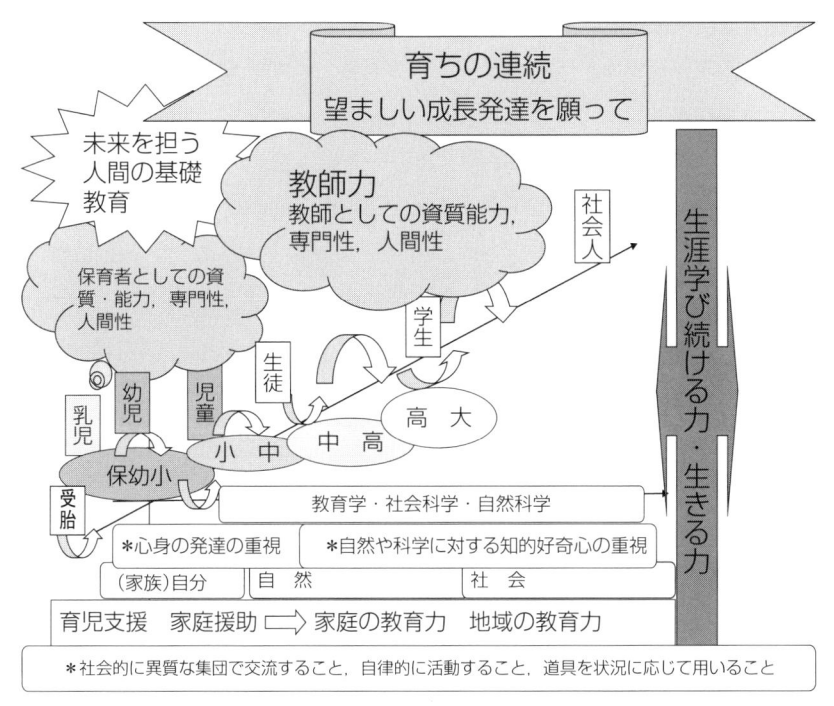

図10 人間の発達から考える教育―育ちの連続と教師力―
善野（2006）をもとに作成（2010）善野

は，幼児教育で育ってきたことを引き受け，引き出した力を小学校でどのような学びに活かそうとしているのか，その学んだ力を中学校へどのようにつなげるのかの目的を明確にもって手渡すことが幼児期から義務教育までを一つのまとまりと見る校種間連携である。これが，中学校区をユニットとした地域連携である。

やがて，子どもは成長し「生涯学び続け，生きる力をもった人間」として社会に出ていく。そうして，出身校のPTA役員となったり，家庭の教育力をもった一人として学校教育のサポーターとなったりする。そして，わが子が卒業しても学校教育を支える地域の教育力をもった一人の地域社会の構成員となるのである。たまたまの縁のある一人の子どもとの出会いは，学校教育に参画す

る好循環を創り出す壮大なサイクルの貴重な一時点である。

　今後の課題としては，人間の基礎教育の形成となる乳幼児期の保育・教育への投資が特に重要である。そこで，「人間形成の基礎を培う」幼児教育の研究の中で，「幼稚園における学校評価」について取り上げてみたい。親は初めから親ではなく，子育てしながら親となる。「幼稚園における学校評価」は，親育ての機会として「家庭の教育力」に働きかけるコミュニケーションツールともいえる。「学校教育力」と「家庭の教育力」をつなぐ，保護者アンケート項目を検討する意義は大きい。

〈引用文献〉
志水宏吉編『「力のある学校」の探究』p.22，大阪大学出版会，2009年

（善野八千子）

# 第8章
# 幼稚園における学校評価

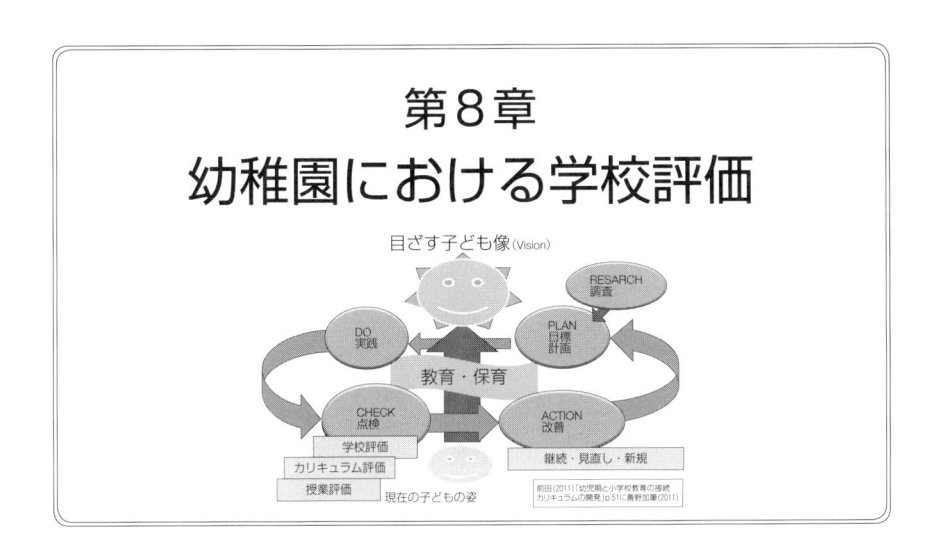

## 1．初めての先生との出会い

　あるとき，教え子から娘さんの幼稚園選びの相談を受けた。親子で確認することがいちばんと思い，未就園児体験を進めたところ，しばらくして次のようなメールがきた。

　「先日相談いたしました娘の幼稚園選びですが，やっと決めることができました。通園圏の四つの園の園庭開放等に参加しました。娘はどの園も楽しそうで迷いました。

　決め手は，園児ちゃんたちが人の気持ちを大切にしていること，先生がそのことを大変喜んでおられることでした。園庭開放に参加したとき，娘が同じく園庭開放に参加していた友だちと玩具の取り合いになりました。すると，園児ちゃんがやってきて言いました。

　『玩具は仲よく使わなアカン。今使ってたんやったら，お友達の番やろ』と。

　また，別のシーンでは，泥んこ遊びに夢中になっていた娘を絵本の部屋に連れて行こうとしました。すると，園児ちゃんがやってきて言いました。

『この子，もっと泥んこ遊びしたいって言っていたよ』と。

このことにもびっくりさせられ，思う存分砂場で遊ばせてもらうことにしました。しかし，こちらの幼稚園は二年保育です。ある本で『三歳は集団に入る大切な時期』と読んだことがあります。二年保育だと三歳の時期を家庭で過ごすことになります。このことが気になり幼稚園に相談に行きました。そのとき，先ほどの園児ちゃんとのできごとを話しました。すると，先生は大変喜ばれました。『心の育成を大切にしているけれど，自分たち（先生方）の目の届かないところでもきちんとできていてうれしい』とおっしゃられました」

幼児期からこのような豊かな心でつながる人間関係を育てることの意味を改めて思う。

これこそ「人生に必要な知恵はすべて幼稚園の砂場で学んだ」"All I Really Need to Know I Learned in Kindergarten"（ロバート・フルガム，1986）である。

このように重要な人間形成の基礎としての幼児教育施設は，選ばれていること（募集園児数の結果）で，既に「評価」を受けていることであるとして，「学校評価」の必要を改めて感じていないようである。

保護者は，子どもの年齢が小さいほど子どもの様子や言葉から直接的な評価をすることが多い。あるときに別の教え子から聞いた嘆きの言葉はその代表的なものである。

「第一子を入園させるときに，近所で人気の幼稚園を選びました。どんどん入園児の数が増えて大規模になっているから，安心して入れられると判断したんです。とにかく制服も抜群におしゃれで可愛かったし。でも，毎日の連絡帳にはスタンプだけ。子どものその日のできごとも変化の様子が綴られたこともお迎えでも話されたことさえないんです。わが子がようやく慣れたので，途中で園を変えるのはかわいそうだけど，第二子は，もうこの園には入れないつもりです」

また，個々の教職員への評価は，担任以外に向けてもシビアな評価をしている保護者も多々あると聞く。

「園にお迎えに行くと，毎日の先生方の様子がよく分かるんです。保護者仲

間で『あの先生はきっと1年しかもたないね……。もしかしたら，途中でやめるかもね』と話し合っているんですよ。また，これが，けっこう当たるんです。特に，二人目・三人目のお子さんの保護者はすごいですよ。だって，何年間か毎日園に通っていると，どの先生に力量があるとか対応や振る舞いでもすぐわかるし，キャリアのある先生の新任の先生への対応でも園の雰囲気までわかりますしね」

　おそらく入園児数が満たされていることと，評価を得ていることとは同じ次元で判断できないであろう。つまり，入園前の説明責任は果たしていたとしても，育ちの過程においても，卒園時の結果責任についても果たしたとはいえないのではないだろうか。

　家庭教育と学校教育をつなぐ始まりとしての幼児教育において，保護者とともに学校参画意識を育て，評価能力を高め合うことは，子どもを幸せにする役割をもつ大人として保育・授業内容と同じくらい探究する価値があるのである。

## 2．幼稚園における学校評価における問題と目的

　筆者は，学校評価は，実施することによって保護者の学校に対する理解が深まったり参画意識が高まったりしながら，保護者としての自覚がはぐくまれたり，学校に協力したりする態度が増していくように機能する一つのツールであると考えている。しかし，幼児教育施設における自己評価の取り組みは全国的にも進んでいるとはいえない。その原因の一つとして，アンケート項目作成の課題が大きくある。保護者アンケート項目が保護者には理解しにくいことや，その結果をどのように活かすかの目的もなく実施されていないだろうか。

　これまでの幼児教育施設における評価は，各担任が学級経営案という視点で網羅的に各自保育を見直しながら取り組み，マネジメントサイクルに基づき組織的・継続的な視点で見直し改善を進めていたとはいいがたいものである。

(1) 幼稚園における自己評価と外部アンケートの実施状況

　学校評価は,「自己評価」「学校関係者評価」「第三者評価」に分類され[1][2],幼稚園に対して,幼稚園設置基準,学校教育法,学校教育法施行規則の改正により,自己評価,学校関係者評価の実施・公表,評価結果の設置者への報告が求められた。

　では,幼稚園での現状はどうなっているのであろうか。文部科学省の調査[3]を見てみると,幼稚園では,26.5％が自己評価を実施していないと回答している。また,自己評価の資料となる外部アンケート[4]についても,幼稚園の49.3％は実施していないと回答している。小学校97.4％,中学校94.3％の実施率と比較すると低調であることは否定できない。

(2) 幼稚園における外部アンケートに関する課題

　外部アンケートが幼稚園で実施されにくいのは項目作成の困難さにあると考える。一つは,幼稚園の教員組織の問題である。外部アンケートは園の状況に合わせて教職員が作成することが基本であるが,幼稚園の組織の規模は小さく,教職員のみの話し合いだけでは議論に行きづまり,方向性を見失うおそれがある[5]。

　もう一つは,教職員の外部アンケート作成の技術に関することであると,前田は次のように指摘している。「教育委員会が中心となり外部アンケートの項目の例示をしているものもあるが[6],加藤らは都道府県・政令指定都市のガイドラインを基に幼稚園の学校評価の実態を調査した中で,教育委員会が作成したアンケート項目には保護者にとっては理解しにくいものがあることを示している[7]。その結果,幼稚園では独自に実施することが必要となるが,学校評価ガイドラインやその他参考図書が出てはいるが,「具体的にどのように」というところがわからないので取り組めない例も数多くあるとの指摘もある[8]。」

　また,外部アンケートの内容や項目数の課題についても次のように述べている。例えば,中條安芸子氏は,質問の把握に違いがあるような場合や質問数の

多さなど，アンケートのつくり自体に問題があると誤回答や未回答が増え，その結果は学校側が聞きたい情報ではないことを示している[9]。また，末松らは，学校の想いと外部評価者の認識との乖離をまずなくすことが必要であり，学校の実情を尋ねる項目を多く設けるほど答えられない事項が増え，アンケートの有効性に懐疑的になり，学校と疎遠になることを示唆している[10]。

筆者はこのことに関して，「アンケート項目には，意識のズレや届いていかない不確かな状況を見直そうとしているか，明確になった課題を焦点化しているかなどの客観性が問われる」[11]と，述べてきた。

## 3．幼稚園の外部アンケートの改善の取り組み

このように見ていくと，どの幼稚園でも簡単に実施でき，適切に園の状況を判断できる外部アンケートの作成が急がれるところである。筆者は，これらの課題を解決するために，幼稚園が備えるべき機能や役割を焦点化し，その後の幼稚園改善の指標とすべき外部アンケートを作成している。これは，供給者である園サイドではなく，需要者である保護者サイドからデザインしたものである[12]。

先進的な取り組みのB市においては，平成18年度からは，教職員の評価に対する意識高揚のために，自己申告シートの導入を行い，平成19年度からは学校評議員制度を立ち上げ，外部評価に取り組むなどして，園通信やホームページ等で結果の公表を行っている。しかし，保護者や学校評議員の意見を教育活動に反映したいと思う一方，保護者アンケートの作成には着手されず，園の組織的な改善にまで生かされていないという現状であった。

これまでの先行研究においては，保護者と教師のコミュニケーション満足度（Adams & Cristensen,2000）について明らかにされている。また，学力（Adams & Christensen,2000），子どもの学習状況・成長，学級のまとまりが学校信頼の決定要因であることが明らかにされてきている（露口建司，2008）。しかし，幼稚園における保護者の満足度に関する研究や信頼の決定要因を究明する研究は十分

進んでいるとはいえない。

　昨今，学校と保護者の溝を象徴する言葉が多く聞かれる。「モンスターペアレンツ」や「不適格教員」がその例である。学校が評価されることで保護者との対立構造を生み出したり，クレーマーを増加させたりするかのような誤解や危惧をもっている教員の意識も未だ見られる。幼稚園における学校評価ガイドライン（文部科学省 2008.3）においては「幼児の健やかな成長のために，保護者にとってその幼稚園の学校運営の状況を学校評価を通して理解することは重要なものとなる。また，それにより，保護者との連携協力の促進を図ることができることとなる」と示されている。

　保護者が子どもをもって初めて出会うこととなる「幼稚園における学校評価」の評価項目が形骸化されたものや信頼構築につながらないものであってはならないと筆者は強く願うのである。

　そこで，本章では，このような点を解決するため，幼稚園の経営実態から適切に把握できる外部アンケート評価項目を策定する。そのために現職教員および教員養成段階の学生に対して，彼らの考える自由記述によって質問項目を作成する。そのことによって，よりよい幼稚園づくりに寄与するためのツールとなる学校評価において，保護者アンケート項目には何が必要か，どのような問いかけが可能かを明らかにする。

## 4．よりよい幼稚園づくりのための外部アンケート項目をつくる

　これは，質問項目の作成を目的とする調査A，質問項目の精選を目的とする調査Bからなる。

　調査Aは，2009年1月20日〜2月4日に実施した。対象者は，公立幼・小・中・特別支援学校教員，保育士ら37名，教育委員会事務局指導主事4名，幼稚園教諭・保育士養成校の学生63名，国立教育大学教員養成課程学部生150名である。教示は，「『私が親なら，こんな幼稚園に通わせたい』という願いや思いを書いてください」というものである。この調査により122の項目を得ている。

次に，調査Bは，調査Aによって得られた質問122項目の妥当性の検討を行っている。調査対象は，公立幼稚園11園の保護者204名，教員80名である。この122項目について，「幼稚園教育に対してどの程度必要と考えているか」を，「1：とても必要」「2：まあ必要」「3：どちらでもない」「4：あまり必要でない」「5：全く必要でない」の5件法で求めた。調査時期は，2009年3月4日〜10日である。

　この調査の結果から，平均点が2.0を上回るものは幼稚園に期待していない内容であると考え削除し，88項目を選択した。削除した項目は，制服，給食など実施していないものや，「半袖で一年中過ごさせている」などの一般化できないものである。

　88の質問項目を見てみると，どれも高い数値であることがわかる。誰もが願っていることとして「幼稚園をよくする88の質問項目」とした（後に，総合的な満足度を示す項目として「子どもをこの幼稚園にいれてよかった」を加え89項目にした。）

　本調査結果から見た特徴的な二つ目として，「保護者が幼稚園に期待する度合いが，さほど強いとはいえない項目」が浮かび上がった。

- 「子どもに，起床・食事・就寝・排泄などの習慣を身につけてくれる」
- 「いろいろなことを試すことができる遊びコーナーがある」
- 「毎日，絵本や紙芝居を見せてくれる」
- 「好き嫌いを克服する食事指導や工夫をしている」
- 「家から近く，徒歩で送迎できる」
- 「知育重視にかたよらない指導をしている」
- 「廊下にごみが落ちていない」
- 「親どうしの仲がいい」

　これらの8項目のうち，「親どうしの仲がいい」を除く7項目の共通点は，排泄・食事・通園等の基本的生活習慣に属することである。このことは，保護者が幼稚園に必要と考えているのは，生活自立よりもむしろ学習自立に関する内容といえるのではないだろうか。しかし，幼児教育においては，「いろいろ

な遊びコーナー」も「絵本や紙芝居」も発達段階を踏まえた学習自立へ接続するための重要な活動の場であり，教育内容である。今後，各園においては，これらの「いろいろな遊び」や「絵本や紙芝居」が学習自立につながる重要な教育内容であることを事前にあるいは常時，保護者に対して十分説明していく必要があると考えられる。

　次に示す特徴的な二つ目として，保護者と教員の意識に差が見られない，つまり「共通認識がある」といえる以下の8項目である。

- 「子どもが，幼稚園に通うことを喜んでいる」
- 「運動面の指導が充実している」
- 「定期的に点検され，壊れてもすぐに修繕されている」
- 「園庭がゆったりとして広い」
- 「経験年数が豊富な先生が多い」
- 「小中高校生が体験活動に来る」
- 「廊下に行事や活動の様子がわかる写真を貼っている」
- 「行事前の連絡がしっかりしている」

この項目を概観してみると，安心で安全な空間的環境で子どもの健やかな体をはぐくまれることとともに，経験豊富な教員や地域における小中高等学校の児童生徒との交流という人的環境が求められているといえるだろう。さらに，幼稚園による情報提供として，教育内容や取り組みが日常的にまたは行事前に十分に伝えられることが保護者から求められていることがわかる。

　これまでの調査の中でも，小中学校による情報提供については，「保護者は強く望んでいる」という調査結果がある。第31回「学校教育に対する保護者の意識調査」（Benesse教育研究開発センター　直井2008.9）によると，全国の小学2年生，小学5年生，中学2年生の子どもをもつ保護者5,399名に学校公開・学校参加への希望を尋ねた設問では，「子どもの学校での様子を保護者に伝える」「学校の教育方針を保護者に伝える」の2項目で，「望む（とても＋まあ）」が9割を超えている。

　毎日子どもを送迎し，保護者と教員が直接に話したり，様子を尋ねたりする

機会が小中学校と比較して十分に確保されていると思われる幼稚園においても同様であるといえるだろう。

　また，教員の意識とも共通することから，教育の専門家として自覚し認識しながら教員は日々の幼稚園教育活動や幼稚園経営に忙殺されているということであろう。翻っていえば，これらの8項目を除いた「幼稚園における評価項目」は策定されないともいえるのである。

　各幼稚園において実施した後に大項目の11項目（①教育目標，②教育内容，③健康，④安全，⑤園長，⑥先生，⑦施設・設備，⑧相談，⑨連携，⑩情報発信，⑪その他）の平均の相関をとり，「この幼稚園に通わせてよかった」という満足度との重回帰分析をすることで，11項目のうちどの項目が自園の特色といえるかということも明確になるであろう。そのことから，プラスの結果をいっそう強化し継続しながら，「幼稚園の特色づくり」につなげることが可能となる。さらに，共通項目結果である保護者と教員の評価結果の差から，意識のズレや情報発信内容の不充分さ，実施方法や実施時期の検討課題を明確にしていくことも可能である。本研究にあたっては，前田洋一先生（当時，福井県教育庁）には有益なご助言，ご指導をいただいた。

　しかし，ここまでの調査をもとに作成した保護者アンケートについては，課題が残されている。まず，項目数の多さである。122項目から88項目に減じたとはいえ，簡便さを求めるならば，より項目数を減じる試みが必要である。

　そこで，質問項目の精度を上げるために，ケーススタディで幼稚園訪問による聴き取り調査から探っていくことにした。次章では，「幼稚園をよくする88の質問」の項目が尺度として正しいかを検証していく。さらに，外部アンケート項目が幼稚園の経営状況を弁別しうるかについて，検討していく。学校評価は評価することが目的ではなく，次の改善に資することが目的である。ならば，外部アンケートが園改善のPDCAサイクルに寄与できるかということである。

（第8章4節に示す「よりよい幼稚園づくりのための外部アンケートをつくる」は，善野「幼稚園における学校評価項目作成の試み」『奈良文化女子短期大学紀要』40巻，pp.83-99，2009年を加筆したものである）

〈註〉
(1) 文部科学省「学校評価ガイドライン」〔平成22年度改訂〕
(2) 文部科学省「幼稚園における学校評価ガイドライン」〔平成23年度改訂〕
(3) 文部科学省「平成20年度間 学校評価等実施状況調査結果」，2006年
(4) 学校評価ガイドラインによれば，「アンケート等については，学校の自己評価を行う上で，目標等の設定・達成状況や取り組みの適切さ等について評価するためのものととらえることが適当であり，学校関係者評価とは異なることに留意する」とある。本稿でもこれを外部アンケートの定義とする。
(5) 岩立京子「幼稚園における学校評価の推進に向けて，私立幼稚園の学校評価における第三者評価調査報告書」pp.7-11，財団法人全日本私立幼稚園幼児教育研究機構，2010年
(6) 神戸市教育委員会「神戸市学校評価ガイドライン」や浜松市教育委員会「浜松市の学校評価」に外部アンケートが例示されている。
(7) 加藤美沙子・山内紀幸「幼稚園の学校評価に関する一考察 ―都道府県・政令指定都市のガイドラインを基にして―」『山梨学院短期大学研究紀要』28巻 pp.78-89，2008年
(8) 財団法人全日本私立幼稚園幼児教育研究機構『私立幼稚園の学校評価における第三者評価調査報告書』，2011年
(9) 中條安芸子「学校評価の現状と問題点」『情報研究』第33巻 pp.361-368，2005年
(10) 末松裕基・篠原清昭「学校評価における外部評価導入の実践と課題 ―外部評価者としての保護者・地域住民の位置と役割―」『岐阜大学教育学部研究報告 教育実践研究』第9巻 pp.131-154，2007年
(11) 善野八千子『学校力・教師力を高める学校評価』pp.109-121，明治図書，2007年．
(12) 善野八千子「幼稚園における学校評価項目作成の試み」『奈良文化女子短期大学紀要』40巻 pp.83-99，2009年

〈引用文献〉
文部科学省（2008.3）「幼稚園における学校評価ガイドライン」
直井多美子（2008.9）「第31回学校教育に対する保護者の意識調査」
露口建司（2008）「保護者による学校信頼の決定要因―都市部近郊の公立中学校区を事例として―」『愛媛大学教育学部紀要』第55巻第1号，pp.19〜26．

〈参考文献〉
前田洋一「学業成績に対する中学生の認知」『教育心理学研究』第44巻第3号，pp.332-339，1996年
鎌原・宮下・大野木・中澤（1998）『心理学マニュアル 質問紙法』北大路書房，1998年
Adams,K.S.& Cristenen,S.L. "*Trust and the family-school relationship examination of parent-teacher differences in elementary and secondary grades*" Journal of School sychology,38 pp.477〜499 2000年

（善野八千子）

# 第9章
# さらなる外部評価アンケートの改善

- ●スキルアップ
  - ①ティーチングスキル　②プランニングスキル
  - ③マネジメントスキル
- ●ブラッシュアップ
  - 処理能力・効果的・効率的なシゴト
- ●メイクアップ
  - ⊙人も学校も見られて美しくなる
  - ⊙評価カードは，かかってくる電話の向こうに
  - ⊙先生は，おとなのモデル，学びのアイドル！

　本章の内容は二つからなる。一つめは，「幼稚園をよくする88の質問」の内容構成を吟味することで簡便化し，その項目が園の状況を弁別しうるかということを現地調査によって検証したことである。二つめは，この質問項目がその後の園経営に関して改善の方向性を示すことができ，園が改善の取り組みを行いやすいかということについてである。

## 1.「幼稚園をよくする88の質問」の実施

### (1) 手続き

　項目の尺度は，「1：とても満足」「2：まあ満足」「3：あまり満足でない」「4：全く満足でない」の4件法と「わからない」を含めた5選択肢を設定した。

　教示は「このアンケートは今求められている幼稚園のあり方をあきらかにし，よりよい幼稚園をつくっていくための資料を得るためのものです。ぜひ皆様の忌憚のないご意見をうかがわせていただきたいと思います。ご協力をお願いいたします。あなたは，幼稚園に対して以下のどの項目が満足だと思いますか」

というものである。

(2) 外部アンケートの調査対象と時期

調査は2010年3月1日～3日に，B市の全公立幼稚園の10幼稚園を対象に行った。対象園ごとの回答保護者数を表1に示す。

回答結果について，「とても満足」「まあ満足」「あまり満足でない」「全く満足でない」にそれぞれ1点，2点，3点，4点と得点化した。

表1　園ごとの回答保護者数

| 園番号 | 回答保護者数 |
|---|---|
| 1 | 140 |
| 2 | 93 |
| 3 | 66 |
| 4 | 9 |
| 5 | 106 |
| 6 | 61 |
| 7 | 111 |
| 8 | 60 |
| 9 | 60 |
| 10 | 82 |
| 計 | 788 |

得点の低い方が幼稚園の園経営状況がよいものとなる。「わからない」については得点化しなかった。

前田は，「幼稚園をよくする88の質問」について，項目構成を検討するとともに，より簡便な弁別力のある質問項目を選定するために，探索的因子分析を行った。88項目について主因子法によって求められた固有値の減少傾向とバリマックス回転後の解釈の容易さによって5因子を抽出した。

表2　園ごとの尺度得点の平均値と標準偏差 ($P<.05$　細線括弧　　$P<.01$ 太線カッコ上)

| 幼稚園番号 | 回答保護者数 | F1 平均値 | F1 標準偏差 | F2 平均値 | F2 標準偏差 | F3 平均値 | F3 標準偏差 | F4 平均値 | F4 標準偏差 | F5 平均値 | F5 標準偏差 |
|---|---|---|---|---|---|---|---|---|---|---|---|
| 全体 | 788 | 1.50 | 0.43 | 1.73 | 0.54 | 1.86 | 0.51 | 1.43 | 0.43 | 1.63 | 0.52 |
| 1 | 140 | 1.63 | 0.41 | 1.96 | 0.57 | 2.09 | 0.51 | 1.47 | 0.42 | 1.31 | 0.49 |
| 2 | 93 | 1.44 | 0.40 | 1.71 | 0.55 | 1.74 | 0.50 | 1.38 | 0.36 | 1.44 | 0.47 |
| 3 | 66 | 1.59 | 0.45 | 1.77 | 0.56 | 1.74 | 0.46 | 1.42 | 0.42 | 1.64 | 0.51 |
| 4 | 9 | 1.64 | 0.77 | 1.73 | 0.77 | 2.03 | 0.80 | 1.44 | 0.69 | 1.33 | 0.53 |
| 5 | 106 | 1.49 | 0.48 | 1.57 | 0.57 | 1.78 | 0.55 | 1.58 | 0.52 | 1.64 | 0.59 |
| 6 | 61 | 1.46 | 0.38 | 1.70 | 0.51 | 1.77 | 0.47 | 1.34 | 0.37 | 1.62 | 0.47 |
| 7 | 111 | 1.43 | 0.36 | 1.60 | 0.44 | 1.84 | 0.44 | 1.41 | 0.35 | 1.62 | 0.48 |
| 8 | 60 | 1.45 | 0.50 | 1.67 | 0.55 | 1.8 | 0.48 | 1.31 | 0.42 | 1.64 | 0.51 |
| 9 | 60 | 1.44 | 0.33 | 1.80 | 0.39 | 1.93 | 0.51 | 1.59 | 0.44 | 1.66 | 0.50 |
| 10 | 82 | 1.44 | 0.41 | 1.77 | 0.48 | 1.9 | 0.41 | 1.34 | 0.42 | 1.54 | 0.57 |

尺度ごとの幼稚園比較をしてみると，どの園も平均値である2.5を下回って

おり，園の状況は良好である。その中では，運営上に対する保護者の評価が良好であった番号6の幼稚園についてと，運営上に対する保護者の評価が相対的に低い番号1の幼稚園に着目した。その経営状況に関する現地調査の詳細を述べていく。

## 2．園経営状況の現地調査

現地調査は，外部アンケート調査に先だって実施年度である2009年5月～7月に，筆者が市内10園すべてを訪問して実施した。調査方法および内容は，訪問による環境および教育内容の観察，保育状況の観察，園長および教職員への聞き取りとした。

(1) 番号6の幼稚園の状況

運営上に対する保護者の評価が良好であった番号6の幼稚園について詳細を述べていく。顕著なこととして，園長のリーダーシップが発揮されていることがある。その具体内容は教育目標を子どもの実態から再検討したことである。保護者にも入園式で教育目標および「育てたいこども像」を説明し，玄関にも掲示している。園内環境については，子どもの作品が季節の自然物とともに提示され，整理整頓されている。虫捕りができる草むらや栽培園があり，自然にふれたり，関わったりすることを大切にしていることが明確にわかる。礼儀を学ぶ環境づくりと対照的に，自由に駆け回れるよう室内が整備され，遊具も豊富である。安全の確保については，送迎時に保護者とともに遊具の定期点検をしている。また，環境整備において，幼児の行動を想定した滑り止めマットの設置や段差の緩和，日よけ対策などが十分であった。さらには，この取り組みをHPにおいて発信している。

家庭・地域との連携や保護者からの相談に関して，保護者の参画意識の高まりといえる言動が随所に見られた。例えば，PTA委員会議室が整備され，毎日のように保護者が集まっている様子がうかがえる。また，送迎時において，

保育者や園長が主体的に保護者に話しかける様子や，逆に保護者から積極的に話しかける様子が見られた。

特筆すべきは，保護者による登園時の「あいさつ隊」が組織されていることである。そこには，数人の5歳児が保護者と同じように「あいさつ隊」として，登園する友だちに挨拶する姿や，昨日の欠席児への声かけを自然にしている様子が見られた。

(2) 番号1の幼稚園の状況

保護者の評価が相対的に低い結果となった番号1の幼稚園について述べていく。まず，園長のリーダーシップが発揮されていないことがある。その課題は園の教育目標達成に向けて具体的な方法を十分に示していないこと，およびその検討時間の確保がされていないことが挙げられる。

次に，教育内容については，生活リズムへの向上に向けて，「せいかつカレンダー」を配付して保護者が記入する取り組みを始め，睡眠時間の確保や食生活の大切さを保護者に啓発する姿勢は評価される。しかし，「はやおき」の欄は午前7時と示しているものの，なぜその時間の提示なのか等の説明がないため，保護者の理解が十分には得られていない。基本的生活習慣の定着については，十分に理解を得られるような啓発の姿勢が求められる。

また，安全の確保については，一定の配慮はなされている。しかし，室内および廊下の環境整備が十分とはいえない。また，他の園で多く見られた送迎時の保護者とともに行う遊具の定期点検などは，園が行っているという発信がほとんど見られない。重ねて，通園路での危険箇所が指摘される。すぐに対応できない事象であっても，幼稚園が問題意識をもって行政に働きかけている現状を伝えたり，地域や保護者を巻き込んだりしながら，園が安全確保の核となっていることを示していく行動が伝わっていない。

最後に，家庭・地域との連携や保護者からの相談に関して，終日，園に滞在する中では，そのような状況はほとんど見られなかった。例えば，PTAの集まるコーナーも確保されているが，活動内容が表出されるものは確認できなか

った。さらに，保護者の送迎時に，保育者や園長が主体的に保護者に話しかける様子や逆に保護者から積極的に話しかける様子もわずかに見られるにとどまっていた。

## 3．外部アンケート再実施と再びの現地調査で明らかになったこと

　期間をおいて同じ質問紙を再実施することにより，園の状況を明らかにするとともに，再度現地調査を行い，外部アンケート結果との整合性を確認する。さらに，園長に対して園改善の取り組みと外部アンケートの項目との関係を聴取し，外部アンケートの項目が園の経営改善に示唆を与えることができたかを検討する。

　番号1の幼稚園の経営状況と改善の状況を把握するために，前田が実施した因子分析により求められた46項目について再調査を行った。回答保護者数は127名，調査時期は2012年1月である。前回の調査より項目ごとに平均値の減少が多く見られた（ここでは，因子分析の過程は省略する）。

　特に，「保護者に対する教員の対応」は前回の1.96から1.62と大きく改善された。同時に，園の経営状況と外部アンケート質問項目との関連について園長に聴取した。さらに，園内環境の観察・見学および保育参観等による実態調査をし，外部アンケートの結果と園の状況との整合性等の確認も行った。その結果，「信頼構築のための活動」について，季節に応じたものが子どもの作品ととも共に展示されていた。これは，「質問68：子どもの作品が掲示されている」に対応したものである。また，「質問80：先生たちは，力を合わせて子どもの教育活動にあたっている」との関連では，保育内容や方法について教職員間での話し合いが進み，担任以外の園児に対しても率先的に関わる姿が見られた。「体験活動」の「質問35：四季に応じた草花が栽培されている」「質問7：自然にふれたり，かかわったりすることを大切にしている」については，これまで行ってきたチョウの飼育をさらに深化させ，飼育園を整備して園児が直接的に飼育に携われるように環境整備が行われていた。これは，ある教育関係の

団体からの受賞要因にもなった。

## 4．外部評価アンケートから見えた改善

(1)簡便な質問紙は経営状況を弁別しうる

　内容構成を検討するために因子分析を行い項目数の検討を行った。その結果，88から46に減じた項目により作成した五つの尺度において，番号１の幼稚園の状況が園と比較して有意差があることが示された。次に，現地調査より，番号１の幼稚園の状況が，他の園と比較して課題のあること，番号６の幼稚園の状況が良好であることがわかった。

　さらに，番号１の幼稚園に対してアンケートの再検査を行った結果，前後の結果に有意差があり，統計的に改善していることが示された。このことについても，再度の現地調査において改善の事実が確認できた。これらの結果より，アンケート結果と現地調査の結果の整合性が確認され，46項目のアンケートの弁別力が確認できたと考える。

　また，これまで行われていた保護者による外部アンケート実施の問題点として，質問項目の内容や表現により，保護者の回答のしづらさがある。この点に関して，新たに選出した46項目の回答率を見てみると「質問57」を除き，回答率が0.80～0.90台のものがほとんどである。これは，本アンケートの項目が需要者サイドからつくられたものであり，内容も焦点化され，実際の園の状況に応じているためと考えられる。

(2)　質問項目が園の改善の方向性を示すことができた

　この改善に取り組んだ番号１の園長に対して，改善の取り組みと外部アンケート質問項目との関連について聴取したところ，以下の有効性が示された。
①需要者サイドの視点から園の経営状況を把握できること
②具体的な内容が示されていることにより，焦点化した取り組みができること

③よい得点を得られなかった項目について原因を探ることで，保護者に対して園の状況をわかりやすく伝える方法が必要であることを認識できたこと
④教職員に対しても自己評価項目として日々の教育活動を点検できること
⑤一つの質問項目に対して改善に取り組んでいくと，関連した様々な他の改善も進むこと

　また，本外部アンケートをもとに，焦点化された園が改善に取り組んでいくことやその経過が，園を訪れる保護者たちにも理解されるといったことが，保護者との会話の中にもじかに感じることができたという。さらに，外部アンケートで具体的に評価を得ることで，教職員が外部アンケートの実施に関してストレスがなくなったことなどを挙げた。PDCAというマネジメントサイクルの一環として，この外部アンケートが寄与したと考えることができる。

　このように，外部アンケートの検討を進めていく視点として，回答者である保護者，つまり，需要者サイドからアンケート項目を検討することは今後も必要である。また，幼稚園における学校評価は円滑に機能しているとはいえない現状がある。外部アンケート，自己評価だけでなく，学校評価全体をとらえた実践的研究が必要である。

(第9章は，前田・善野『日本学校教育学会27』pp.93-105，教育開発研究所，2012年，を善野が加筆したものである。)

(善野八千子)

## あとがき

今，教育に関わっているあなたへ
そして，教師として歩み始めたあなたへ
これから教師・保育者を目指そうとするあなたへ

> チームワーク（機能する組織力）
> ネットワーク（意味ある連携力）
> フットワーク（判断力・行動力）
> ヘッドワーク（知恵を形に）
> ハートワーク（心の通い合い）

保護者の安心は，担任による「わが子への小さな特別扱い」

暑い夏休みが明けると，子どもたちは学校へ。ある小学校1年生のお母さんからうれしかったエピソードを聞いた。

「9月に登校したわが子，帰宅後，うれしそうに話すのは先生からの言葉です。『S君のアサガオの種はいちばん多く採れたんだよ！』先生のその一言の小さな特別扱いが子どもにはうれしいんですね。私も子どものときに算数のとけいの学習で『8時，これは，Tさんが家を出る時刻です』とその朝，登校時に先生と会話したばかりの内容を言われたときにうれしかったことを，30歳を過ぎた今でも覚えています。子をもって知った『先生の小さな特別扱い』への感謝の手紙を思わず恩師に綴りました」

平等・公平であることは大切であることはいうまでもない。しかし，それが個別への評価や関わりを避けることになってしまっていないだろうか。「教師への信頼回復」といわれて久しい。共有すべき価値観の協議や高度な戦略の前提に，どの保護者に対しても，担任による「わが子への小さな特別扱い」が届けば，信頼構築の第一歩は始まると実感した一言である。

### 子どもの笑顔をつくるスペシャリスト

「単なる笑顔であっても，私たちには想像できないほどの可能性があるのよ（We shall never know all the good that a simple smile can do）」。これはマザーテレサの言葉である。「笑顔を見るのは心地よい」というのは共通の心理で，笑顔は感染するものである。

子どもの未来に関わる教育者になるということは，「子どもの笑顔をつくるスペシャリストになる」ということでもある。子どもの笑顔をつくるためには，二つの大切なことがあると筆者は考えている。

一つ目には，子どもを理解することと，二つ目には，自分自身が笑顔でいるということである。子どもを理解するためには，例えば，現代の子どもに関連する番組を見たり，ニュースに関心をもったり，書籍や絵本を手に取ってみたりしながら，少しずつ「子ども理解」を深めていくということもいいだろう。実際に，子どもに関わる施設でボランティア活動を通して，観察したり関わり方を知ったりしていくことも「子ども理解」につながるよい体験になるはずである。

では，自分自身が笑顔でいるということは，どうすればいいのだろう。それは自分自身をうまくコントロールすること。時間の管理，健康管理，経済管理がなくては，笑顔は生まれてこない。これらの三つの管理は，言い換えれば「自立・自律の基礎」でもある。まず，人との約束や生活リズムの時間が守れると健康な心身がつくられ，体のメンテナンスやむだなトラブル解決のためでなく，未来の自分への投資にお金が使えて，経済管理ができていく。現実の生活において，まさにこれは笑顔で輝く第一歩でもある。

次に，二つ知ってほしいことがある。それは，「教育の今」を知ることと，「教育のこれから」を知ろうとすること。

「教育の今を知る」とは，学校や保育所・幼稚園でどんなことが起きているか，だからどんな教師や保育者が求められているかを知ることである。

現在，保育所への入所希望者の数が定員を大幅に上回っていることから，入所を希望しても入所できるとは限らない状態にある。核家族化が進み，女性の

職場進出という生活環境が変化していることから，保育所の利用を希望する人が増えていることも一因である。一方で，公営の保育所施設は，地方自治体の財政事情が思わしくないこともあって，減少する傾向にある。政府は，「待機児童ゼロ作戦」を展開し，今後は，少子化の進行，育児サービスの多様化に伴って生じている幼稚園と保育所の抱える問題点を解決するために，幼稚園と保育所の一元化を図ろうとする「幼保一元化」という動きが始まった。また，「幼小連携」という幼児期から小学校低学年にかけ各段階に応じて育てたい力を連携して取り組んでいくことも進んでいる。

　これから教師になろうか保育者になろうか，ということで迷うことはなくなるかもしれない。子どもに関わる仕事としての両方の資格も資質も必要になってくるからである。このような多くの教育の今とこれからを知ることは，もちろん必要だ。そこで，「学校は何のためにあるのか」という本質的な目的をとことんつきつめて考えてみよう。

　さあ，ようやく幼稚園や保育所に入れた子ども，これから学校生活を送ろうとする子ども，その保護者は，どんな先生に会いたいだろうか？

　先ほどまでに述べてきた「子どもを笑顔にしてくれる」教育者・保育者は，「生まれて初めて出会う先生」である子育てのスペシャリストである。かけがえのない子どもの命を教育者・保育者に預ける保護者との信頼を構築しながら，子どもの人格形成の基礎や学力を培っていく。また，同じ職場で働く上司や先輩や同僚ともよい人間関係で，たくさんのことを教えていただけるはずだ。

　これから教師を目指そうとする方には，今後に必要なたくさんのメッセージを伝えたいと願って書き進めてきた。また，今，自信がなくなりそうになって少しめげそうになっているかもしれない教師への思いもこめた。

　あなたの周りにはたくさんの応援者と協力者がいる。今，あなたが何を知っているかでなく，あなたがこれから何を学ぼうとしているかで，人はあなたの夢のサポーターになってくれる。より美しい学校づくり，心身ともに美しい教師を目ざそうとしているあなたは仲間とともに前に進むことができる。

**大切なワーク**

　どんなに仕事があふれても押し寄せてきても忘れてほしくないワークがある。まず，チームワーク。「機能する組織力」である。一人でがんばりすぎない。個人の力量だけで力と夢のある学校はつくれない。

　そして，ネットワーク，「意味ある連携力」はあるだろうか。どこでも継続的につながれるわけでもない。依存するのではなく，互恵性のある相手と目的を共有して継続してつながっていこう。

　フットワーク，「判断力・行動力」をもとう。明日からできること，今までやっていてその意味を再認識したことを続けよう。本書の中から一つでもやってみようと思ったことは，行動してみよう。

　ヘッドワーク，「知恵を形に」しよう。思いつき，やりっぱなしではなく，実践は記録していこう。上書きしていこう。時間がなければ成果があったことは，前に進めの青文字に変換しておこう。課題として残ったことは立ち止まって考え直す赤文字に変換しておこう。それだけで，知恵を形に残す手がかりとなる。「汗出せ，知恵出せ，元気出せ，それも出せなきゃ辞表出せ」と，どこかの教育長の厳しい言葉もあるらしい。

　最後に，ハートワーク，「心の通い合い」が何より重要。温かな心の通い合いはぬるま湯の心地よさではない。さあ，くれぐれもオーバーワークにならないように，ワークワクの学校づくりのエネルギーを届け合おう。

　本書は幼児教育から小・中学校教育までのよりよい学校園づくりのためにまとめた。こうして発刊できるのは丸岡南中学校の坪川校長先生，奈良県大和郡山市立幼稚園長等多くのみなさまの協力のおかげである。また，教育出版の阪口建吾氏には多くのアドバイスもいただいた。ここに厚く感謝してお礼申し上げる。

　本書が力と夢をはぐくむ学校づくりへ意義ある役割となることを願ってやまない。

善野八千子<br>前田　洋一

■著者紹介

**善野　八千子**（ぜんの　やちこ）奈良文化女子短期大学教授
　大阪教育大学大学院修士課程修了。大阪府堺市立小学校教頭，大阪府教育センター主任指導主事，大阪教育大学非常勤講師を経て，現職。モンゴル教員再訓練計画（JICAと大阪大学の連携事業）講師。国立教育政策研究所客員研究員，文部科学省委嘱事業学校評価委員（奈良市・大和郡山市・御所市），福井県私立高等学校学校評価委員，兵庫県学校における第三者評価検討委員，伊丹市学校評価検討委員長，国立教育政策研究所「学力の把握に関する研究指定校事業」企画委員等を歴任。現在，大阪府私立学校審議会委員，奈良市30人学級指導法改善委員長，敦賀市子どもサポート委員，青森県東通村幼小中一貫教育基本計画策定委員，日本グローバル教育学会理事。ERP研究会理事等。「学校現場への元気配達人」として全国へ講演活動中。
　主な著書・論文：学校評価を活かした総合的な学習のカリキュラム改善（日本生活科・総合的学習教育学会誌），グローバル時代の学校評価のあり方（日本グローバル教育学会誌），学校評価を活かした学校改善の秘策－汗かく字を書く恥をかく－（教育出版），子どもの育ちと学びをつなぐ～幼小連携のあり方と接続カリキュラムの作成～（MJ-Books 善野・前田共著），学校評価を活かした幼小連携（金子書房），ほか多数。

**前田　洋一**（まえだ　よういち）鳴門教育大学教職大学院教授
　金沢大学卒業，福井大学修士課程修了。福井県小中学校教諭，福井県教育研究所研究員・企画主査，福井県教育庁義務教育課主任を経て，現職。福井県教育研究所にて，福井県学力調査主管として調査・研究。福井県初の教科センター方式の坂井市立丸岡南中学校の開校準備委員会の学校代表。文部科学大臣優秀教員表彰など受賞。日本学校教育学会理事，日本グローバル教育学会理事。
　主な著書・論文：中学生の熟慮性－衝動性と知的能力・学業成績の関係，中学校理科における評定および観点別評価の相関的研究，学業成績に対する中学生の認知（以上，日本教科教育学会誌），幼稚園の学校評価における外部アンケート項目作成の試み（日本学校教育学会誌，前田・善野共著），学校と地域で育てるメディアリテラシー（ナカニシヤ出版），文部省学力調査に学ぶ中学校理科の新評価問題づくり（明治図書），心理学マニュアル面接法（北大路書房），幼児期と児童期の接続カリキュラムの開発～子どもの育ちと学びをつなぐ～（MJ-Books，善野・前田共著），ほか多数。

## 力と夢を育てる新しい学校づくり
### スキルアップ ブラッシュアップ メイクアップ

2013年4月2日　初版第1刷発行

| | |
|---|---|
| 著　者 | 善野八千子 |
| | 前田洋一 |
| 発行者 | 小林一光 |
| 発行所 | 教育出版株式会社 |

〒101-0051　東京都千代田区神田神保町2-10
電話 03-3238-6965　振替 00190-1-107340

©Y.Zenno／Y.Maeda 2013
Printed in Japan
落丁・乱丁はお取替いたします。

組版　ビーアンドエー
印刷　藤原印刷
製本　上島製本

ISBN978-4-316-80367-8　C3037